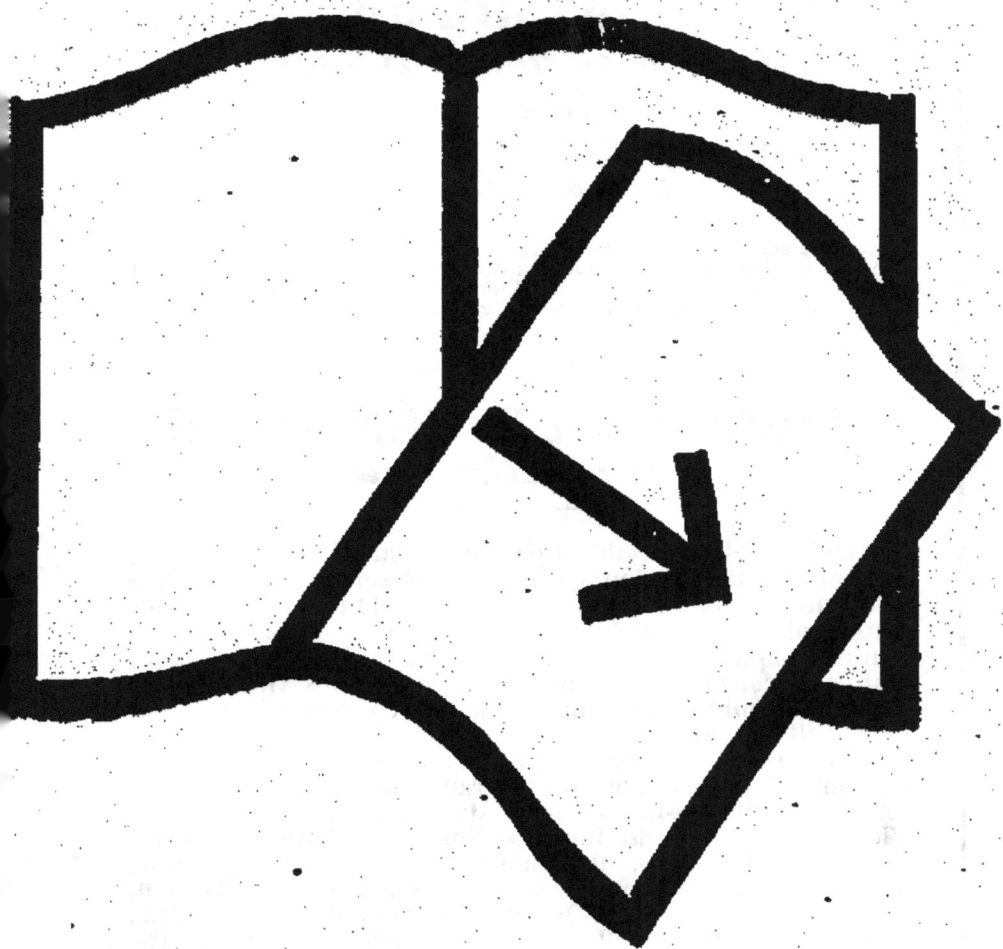

Couvertures supérieure et inférieure
manquantes.

FÉDÉRATION RÉPUBLICAINE

PARIS — 25, Rue Taitbout, 25 — PARIS

TÉLÉPHONE 307-49

SOMMAIRE

L'ASSEMBLÉE GÉNÉRALE
DU 7 DÉCEMBRE 1904

La Fédération républicaine avait organisé, le 7 décembre, une importante réunion à l'occasion de son assemblée générale statutaire annuelle. De tous les points de la France, les personnalités les plus éminentes du parti progressiste, sénateurs et députés, conseillers généraux et d'arrondissement, maires et conseillers municipaux des grandes villes, présidents et membres de comités avaient répondu à l'appel qui leur avait été adressé.

Un grand nombre de groupements s'étaient excusés, notamment des comités de l'Hérault, du Pas-de-Calais, de l'Aube, du Puy-de-Dôme, de la Marne, de la Manche, de la Vienne, du Doubs, du Jura, du Nord, des Hautes-Pyrénées, des Basses-Pyrénées, de Saône-et-Loire, etc. De même, MM. Ermant, sénateur de l'Aisne ; du Périer de Larsan, député ; Lamieussens, d'Orthez ; Delcaire, de Saint-Yrieix ; Sauzay, d'Autun ; Le Glay, conseiller général du Nord ; Barillot, de Dôle ; Lejeune, de Montmorillon ; Spitzmuller, de Belfort ; Grassin-Delyle, adjoint au maire de Poitiers ; Macé, de Cherbourg ; Collet, maire de Mantes ; docteur Henrot, de Reims ; Louis Quesnel, ancien député ; Moreau, de Pauillac ; Séguin, de Clermont-Ferrand ; Vialle, de Montpellier ; Azard, avocat à la Cour, etc.

Autour du président, M. Eugène Motte, député et maire de Roubaix, avaient pris place sur l'estrade MM. Ribot et Méline, anciens présidents du Conseil ; Barboux et Cartier, anciens bâtonniers ; Charles Ferry, ancien député des Vosges ; Renault-Morlière, Aynard, députés ; Audiffred, Guérin,

Prevet, Rambourgt, sénateurs ; Frédéric Clément, secrétaire général.

Citons au hasard :

MM. Ernest Caron, ancien président du Conseil général de la Seine ; Gosset, ancien président de l'ordre des avocats au Conseil d'Etat ; Leblond, maire de Rouen ; de Lasteyrie, membre de l'Institut ; Touron, vice-président de la Chambre de commerce de Saint-Quentin ; Bonnefille, Francis Charmes, Chatteleyn, Delobeau, Gustave Denis, Forgemol de Bostquénard, Gassis, Gauthier, Gotteron, Gourju, Milliard, Outhenin-Chalandre, Rispal, de Saint-Quentin, Sébline, Vidal de Saint-Urbain, Richard Waddington, sénateurs, etc., etc.

MM. Audigier, Ballande, Paul Beauregard, Georges Berger, Paul Bertrand, Bischoffsheim, Bonnevay, Henry Boucher, de Boury, René Brice, Brindeau, François Carnot, Claudinon, Emile Cornudet, Paul Coutaut, Darblay, Drake, Duclaux-Monteil, Dudouyt, Constant Dulau, Fleury-Ravarin, Gaillard, Gautier, Gourd, Guillain, Haudricourt, de Kerjégu, Krantz, Lannes de Montebello, Lebrun, Lefas, Jules Legrand, Marot, de Montjou, de Moustiers, Ory, d'Osmoy, Perroche, Raiberti, Ripert, Thierry, Trannoy, députés, et plusieurs autres membres du Parlement.

MM. Bénard, président du Comice agricole de Meaux ; Brandin, conseiller général de Seine-et-Marne ; Brindel, conseiller général de la Corrèze ; Casamayor-Dufaur, maire d'Oloron ; Chanot, maire de Marseille ; Coignet, industriel à Lyon ; Delesalle, maire de Lille ; Dervaux, de Vieux-Condé ; Droz, conseiller général de Seine-et-Marne ; Fessard, maire de Chartres ; Garin, avocat à Lyon ; Gillet, industriel à Lyon ; Herbault, ancien syndic des agents de change de Paris ; Hucher, maire de Beauvais ; Isaac, président de la Chambre de commerce de Lyon ; Jeanneau, conseiller général de la Vendée ; Gaston Japy, maire de Fesches-le-Châtel ; Anatole Leroy-Beaulieu, membre de l'Institut ; Lignon, ancien président du Tribunal de commerce de Lyon ; Pierre de Lur-Saluces, conseiller général de la Gironde ; Maillart, maire du Havre ; docteur Monprofit, conseiller général de Maine-et-Loire ; Nérot, de Château-Thierry ; Maurice Ordinaire, conseiller général du Doubs ; Pigalle, ancien maire de Nevers ; Georges Picot, membre de l'Institut ; Ponnier, industriel à Senones ; Rambaud, ancien ministre, membre de l'Institut ; Reynaud, maire de Bétheniville (Marne) ; Rosse, maire de Dinan ; Sagnier, directeur du *Journal d'agriculture* ; Samazeuilh, de Bordeaux ; Simon, adjoint au maire de Versailles ; Soulene, conseiller municipal de Saint-Etienne ; Stein, maire d'Epinal ; Marcel Vacher, ancien député de l'Allier ; de Nordling, président de la Ligue pour le repos du dimanche ; Fortin, ancien conseiller municipal de Paris.

MM. Bouelle, conseiller d'arrondissement ; Ollivier, conseiller municipal de Poitiers ; Charles Bouchut, Patouillard, avocat ; Beutter, Guitton, docteur Guichon, docteur Perrache, Buysson, délégués de Saint-Etienne ; Quinson, délégué de la Fédération républicaine de Lyon ; Caullet, conseiller général du Nord ; Labbé-Florentin, adjoint au maire ; Arrighi, industriel ; Leymarie, conseiller municipal, délégués de Bourges ; Perreau, conseiller général du Cher ; Wiart-Henry, délégué du comité de Fumay (Ardennes) ; Barre, maire de Dreux ; Lemouettre, conseiller municipal de Nogent-le-Roi, et une très nombreuse délégation de l'arrondissement de Dreux ; Malathiré, adjoint au maire de Rouen, président du comité départemental de la Seine-Inférieure ; Duchemin, adjoint au maire de Rouen ; Pierre et Georges Budd, adjoints au maire de Marseille ; Foureaud, ancien maire de Chaumont ; Valayer, Le Challier, Chambon, Maisonneuve, délégués de la Fédération républicaine de Vaucluse.

MM. Loubière, secrétaire de la Fédération républicaine d'Oloron ; Wilmant, Durand, Baguenault de Puchesse, délégués d'Orléans ; docteur Bories, président du Cercle républicain de Montauban ; Garrigues, conseiller municipal de La Rochelle ; Fayout, ancien bâtonnier ; docteur Callandreau, Gabiat, ancien député ; Demartial, conseiller général ; René Henry, délégués de la Haute-Vienne ; Villemant, conseiller d'arrondissement du canton d'Hirson, et Pasquier, délégués de Vervins ; Renou, délégué de Châteaudun ; Macé, Couillard, Thomas, délégués de Coulommiers ; Paillet, conseiller général ; Mennesson, Bouchardeau, Poisson, maire de Verdilly, Thoraillier, Durr, délégués de Château-Thierry ; docteur Guichard, du Puy ; Alfred Marchal, de Lunéville ; Loisel, adjoint au maire de Beauvais ; Brasseur, maire de Clary (Nord) ; Carpentier, de Caudry (Nord) ; Lafont, directeur du *Journal de Rouen* ; Perié, directeur de l'*Indépendant rémois* ; Bouyard, directeur de la *Dépêche républicaine de Franche-Comté* ; Fraysse, de l'*Aveyron républicain* ; Champernaud, du *Combat Périgourdin* ; Mialon, du *Petit Champenois* ; Boudios, délégué de Romilly ; Sevaistre, délégué de Bernay ; Georges, conseiller d'arrondissement de la Meuse ; Couten, industriel à Verdun ; Maurice Martin, secrétaire du Comité républicain rémois ; Léon Bérard, maire de Sauveterre-de-Béarn ; Dupuich, maire de Recloses (Seine-et-Marne) ; José Théry, délégué de l'Union républicaine de l'arrondissement de Soissons ; E. Blondont, délégué de Bar-sur-Seine ; Orgias, conseiller municipal de Courbevoie ; G. Bonnefous, Maurice Colrat, Jacques Bardoux, Criquet, président du Comité républicain indépendant, et plusieurs membres du conseil municipal de Garches (Seine-et-Oise) ; Chazal, maire de Saint-Ouen-sur-Morin (Seine-et-Marne), etc., etc.

DISCOURS de M. Eugène MOTTE

MESSIEURS,

Ne craignez rien. Je ne ferai qu'une brève allocution. Je n'ai à ma disposition qu'une façon d'élocution plébéienne. Le cœur et l'énergie valent mieux que ma parole. D'ailleurs je ne veux pas refroidir l'intérêt et la joie que vous goûterez tantôt à entendre un maître dans l'art de bien agir et de bien dire. C'est à M. Ribot que nous devons la salle comble. La séance lui appartient. (Très bien ! Très bien !)

Un bref préambule est pourtant de circonstance.

Il y a un an, au milieu du même concours empressé de républicains de la première heure et de républicains de pleine nature, de pleine terre, pourrais-je dire, trop jeunes pour avoir souffert, lutté et triomphé après des heures d'angoisse, mais formés cependant à la rude école des événements et y ayant puisé l'avertissement et la sagacité qui leur font aimer avant tout dans la République l'*Alma mater libertatis*, il y a un an, dis-je, marchant à la voix des chefs de notre parti, vous avez jeté dans le creuset les trois associations progressistes, l'Association républicaine de M. Audiffred, l'Union libérale républicaine de M. Barboux et l'Alliance des républicains progressistes de M. Méline.

Sous l'œil attentif et confiant de ces chefs éprouvés et respectés et en présence des présidents de nos groupes respectifs de la Chambre et du Sénat, MM. Renault-Morlière, Guérin et Prevet, vous avez fondu ces trois associations en une Fédération d'un métal républicain tout à fait pur, d'un grain bien amalgamé et d'une résistance sans pareille. Vous nous en avez confié la direction que je partage avec un dévoué et assidu Conseil général. Toutefois cette tâche m'eût semblé trop lourde et difficile à tenter si vous ne m'aviez adjoint par acclamation mon excellent ami Frédéric Clément. Ce choix, heureux entre tous, non seulement m'a valu une amitié indestructible et très tendre, mais a conquis à notre Fédération le concours d'un faisceau de jeunes avocats, qui, heureux de collaborer avec Clément, se sont donnés à notre œuvre sans la moindre réticence, avides qu'ils étaient de dépenser leur ardeur au service des libertés nécessaires et de la République des fondateurs.

Frédéric Clément était pour eux un exemple vivant d'abnégation et d'énergie. Chaque jour, il est au front de bataille et il apporte au combat la fougue de son éloquence, la maturité précoce de son esprit, la loyauté de sa discussion, la morsure de sa dialectique, l'élévation de sa philosophie et l'ampleur de sa tolérance. Quoi d'étonnant qu'autour de l'ardent foyer qu'il entretient, rue Taitbout, se soit organisée spontanément une pléiade de jeunes orateurs, ses amis, qui, chaque semaine, et le dimanche, dociles à sa voix, sans sourciller, sans jeter vers les joies de ce Paris si enchanteur au printemps, à l'automne, le moindre regard lancinant de regrets, partent en province, défendre avec éloquence, humour et bonheur les idées et le programme de la Fédération. (Vifs applaudissements.)

Je les veux citer parce que la reconnaissance est une vertu de plein jour et parce que leurs états de service sont si éclatants qu'il serait malséant de ne les pas désigner à vos effusions.

Ils se nomment Bérard, José Théry, Colrat, Bonnefous, Orgias, Fraysse, Blondont, Claro, Quantin, Pistre, Amyot, et, si j'en oublie, qu'ils veuillent bien m'excuser. Il m'arrive parfois d'oublier le nom d'un de mes dix enfants et je leur porte à tous une égale affection.

Quel est donc l'esprit chagrin, le psychologue dyspepsique, qui parlait avec détachement et désinvolture des jeunes conférenciers politiques et les représentait comme de faux altruistes, insinuant que tous ces jeunes gens éloquents, moins désintéressés qu'ils ne le disent, ont l'ambition à fleur de peau ? A entendre ce pessimiste, cet hypocondre, la tribune du moindre chef-lieu de canton n'est envisagée que la comme un excellent poste d'où l'on peut jeter l'hameçon ou poser ses lignes.

Quelle erreur d'optique ! quel pitoyable sens d'observation ! Nos conférenciers servent la seule cause et la servent en disciples de Platon. J'irai même plus loin. J'irai jusqu'à indiquer que l'une des infirmités de notre parti est de ne pas ouvrir assez vite ses rangs, de ne pas faire assez de promotions au choix, d'exiger parfois un noviciat trop long. Nous sommes des *beati possidentes* trop satisfaits de la possession. Que n'imitons-nous pas nos adversaires ? N'est-ce pas une pitié de ne pas encore voir au Parlement quelques-uns de nos conférenciers, alors que tant de jeunes « bleus » du Palais sont entrés au Palais-Bourbon sans coup férir, sans autre mérite initial qu'une initiation triangulaire et sans autre mérite ultérieur que la mise à la double boucle, et par surcroît la mise en bière de quelques libertés organiques. (*Vifs applaudissements.*) A trente ans, ils sont déjà importants, importuns et officieux. Les noms sont sur vos lèvres. 1. Zévaès en est le type. Il fut député avant terme. Il n'avait pas ses vingt-cinq ans, bien que les ongles fussent déjà formés en griffes. Le socialisme a ses dauphins.

Comme il faut à nos jeunes amis le cœur et le jugement bien trempés, le cerveau et la conscience solides, pour ne pas succomber aux suggestions quotidiennes !

« Faites un « à gauche », un petit « à gauche », ou un simple « oblique à gauche », ou même « tête gauche », leur souffle le « malin », et vous entrerez dans la Terre Promise. » Chaque jour, la moindre taupinière est prétexte d'un nouveau discours sur la Montagne, et tantôt les promesses sont fardées à souhait, tantôt les places, distinctions et honneurs cyniquement étalés. Rien n'a prévalu. Nos jeunes gens ont gardé la ligne droite sans prêter l'oreille aux entretiens précurseurs des capitulations. « Arrière ! ont-ils crié aux Troyens. Arrière ! vous et votre cheval. Notre cause est la cause de la France et de la République. Nous ne demandons rien autre. » (*Vifs applaudissements.*)

L'amer et fortifiant mépris du mal, voilà notre réciproque soutien et le trait-d'union solide qui resserre nos énergies.

Notre amitié, chaque jour plus étroite, est faite de tristesses et de douleurs partagées, d'illusions évanouies et de notre idéal républicain flagellé et meurtri.

Un an s'est écoulé depuis notre fondation, année lourde de ses douze longs mois de vie cahotée et suffocante, année lourde de brouillards opaques, d'obscurités blafardes, de miasmes délétères, de relents d'égouts. A qui devons-nous cette atmosphère méphitique ? Au combisme, à cette politique décadente, fille d'un ministère de décadence.

Chaque semaine ajoute à nos angoisses, chaque jour le gouvernement déveloute un peu plus notre âme républicaine. Et c'est pourquoi notre surveillance ne se détend pas un instant. Notre foi robuste en un avenir réparateur reste impassible et confiante. Oui, nous persistons à espérer que des jours meilleurs nous sont réservés à brève échéance et que l'ère des cauchemars et des nausées est quasi close. Malgré les copieux sarcasmes, émoussés et grossiers, de M. Combes, malgré l'aveuglement et la surdité de nos amis de la Gauche démocratique, — le parti qui nous est tout à fait mitoyen, — malgré le mutisme vis-à-vis de nos avances de ce parti nombreux des volants « la mort dans l'âme », malgré leur condescendance résignée et tenace en face de ceux qui, au cours de tant d'années les ont dénoncés, calomniés, traînés sur la claie, déshonorés et flétris, nous restons imperturbablement fidèles à notre programme et conservons à la République toutes nos ardeurs et toute notre confiance. (Applaudissements.)

Notre fédération ne connaît pas le voyage en zigzags, et encore moins la contremarche. Nous restons nous-mêmes, républicains sans épithète, aussi éloignés de la politique confessionnelle que de la politique d'aventures, enragés de libertés, et de ce fait en complète rupture avec les Jacobins comme avec les plébiscitaires, identifiant envers et contre tous, la République avec la liberté et posant partout le principe que c'est ravaler la République à un impérialisme honteux ou à un absolutisme déguisé que de gouverner contre la liberté. (Nouveaux applaudissements.)

Et nous sommes d'autant plus attentifs à la marche des événements que nous voyons un parti, une secte, confisquer la République, s'introniser à son chevet, la condamner au rôle humiliant de malade en rechute, se constituer imperturbablement sa garde-malade unique, et l'assujettir à un régime qui engendre la chlorose. Et tout cela alors que notre Marianne est alerte et bien portante et qu'elle aurait les joues roses et le teint vermeil, pour peu qu'elle s'accordât le plein air de liberté que tout un chacun entend respirer à pleins poumons.

C'est tout le combisme que je vous dépeins. Ce régime seul porte l'outrecuidance jusqu'à déclarer que la République deviendrait incurable s'il n'en prenait cure.

Au cours de 1904, notre campagne fut donc de tous les instants, aux champs et à la ville, dans les cantons et les chefs-lieux. Le rapport si complet de Frédéric Clément vous en indiquera tantôt toutes les étapes. Qu'il me suffise de vous dire que nous sommes sortis victorieux de la campagne municipale, et qu'aux élections cantonales, en dépit d'une intervention furibonde et d'une pression éhontée, nous avons maintenu nos positions. Partout, nous avons réveillé les énergies, reformé nos cadres, déployé notre drapeau, et nous n'obtenions ce résultat qu'en propageant nos doctrines: nous mettions en garde une fraction de l'opinion contre les théories de Gribouille, contre les tendances de ces esprits falots qui s'accommodent du mal et du pire mal dans l'espoir d'un renouveau souvent reporté.

Partout, nous avons pris l'offensive, qui, plus que jamais, est de circonstance, tant elle porte la marque indélébile du caractère de notre race. (Applaudissements.) Et, d'ailleurs, le dilemme cornu se pose fatalement : offensive résolue ou neutralité dégradante ; mais tout Français, au cours de ces années, doit rejoindre son camp et combattre à son rang.

Comment eût-il pu en être autrement ? Chaque mois, en sonnant le glas d'une liberté nouvelle, le Gouvernement réchauffait nos ardeurs, renforçait notre opposition et fournissait à notre flamme un aliment complémentaire. Ce n'est plus un ministre, M. Combes, c'est un furoncle, c'est un anthrax qui provoque par tout l'organisme des tiraillements chaque jour plus aigus. (Rires et applaudissements.)

Dans son domaine propre, il a instauré un arbitraire quotidien, une tyrannie policière et sournoise; il a organisé la domestication et a mesuré facilement toute l'élasticité, toute la malléabilité des consciences vénales. C'est devenu un système auprès des députés que le vote par ordre, et M. Combes trouvait ainsi l'occasion de se venger par ricochet de l'humiliation qu'il a souvent subie personnellement, lorsque les ordres de la délégation des gauches le contraignaient à une posture tout autre que celle qu'il s'était d'abord volontairement assignée. (Approbation.)

Dans le domaine de l'enseignement, l'on pouvait croire que, satisfait des hécatombes de congrégations non autorisées, il allait marquer un temps, établir une trève, pour songer quelque peu aux grands intérêts généraux de la nation. C'était mal le connaître. M. Combes est l'homme d'une idée fixe et sa guitare n'a qu'une corde. Il entend non seulement refuser tout droit d'enseigner aux congrégations, même autorisées, mais, en dépit des affirmations des grands républicains, lors de la loi de 1881, de Jules Ferry, Paul Bert, Goblet, établir au profit de l'État le monopole de l'enseignement. Pour arriver à son but, il éteint la personnalité de son ministre de l'instruction publique, il le condamne au Sénat au rôle de comparse. Nous ne devions, d'ailleurs, pas attendre grande résistance de ces ministres modérés, au cerveau pavé de bonnes intentions, mais réduits au rôle d'otages entre les mains d'une majorité de ministres audacieux et commandeurs ! Que peuvent des caractères à la daube, coulés dans leur gelée ? (Rires.) Ce sont des chauds-froids. Ils ne servent que d'appoints.

Oui, l'on clame maintenant à tous les échos que seul le monopole de l'enseignement par l'État peut assurer la fameuse unité morale et réussir là où Napoléon et Louis XIV ont piteusement échoué. « Hors du carcan, point de salut », voilà le traitement omnibus. Et encore n'est-ce point assez de précaution ou d'arbitraire. L'enseignement ne sera dévolu qu'à l'État, qui le déléguera aux seuls laïques qui auront l'honneur de plaire, après avoir été triés sur le volet officiel et toisés à certaines heures à la mensuration maçonnique. M. Thalamas aura son heure, et peut-être sa revanche, M. Hervé, l'homme du drapeau sur le fumier, aussi. C'est la théorie du fait du prince, et organisée avant la lettre. Entendons-nous bien, ce n'est plus seulement la formule rabelaisienne et prudhomesque de M. Girard, mon sénateur, s'il vous plaît, qui retirait la faculté d'enseigner « à tout homme ayant fait vœu d'obéissance ou de célibat », c'est la formule plus tyrannique encore qui catégoriserait les laïques, authentiques et décreusés, en bons et réprouvés. Nous connaissions le droit de regard, nous connaîtrons le droit d'écart. Et tout cela ne soulève pas les rumeurs, les haut-le-cœur ? Toute la presse qui marche dans l'ombre, dans le sillage des ministres, applaudit, fait chorus, et le ministre de l'instruction publique, en dépit de ses désirs, de ses déclarations, de son texte, de peur d'être plus longtemps affublé du sobriquet « Chaumié le Pieux » (rires prolongés), capitule et maquille son projet. La crainte du charivari est le commencement de sa faiblesse. (*Applaudissements.*)

En janvier, M. Combes, après les désordres de la Bourse du travail, pour amadouer les révolutionnaires, dont les griffes ne sont plus terribles depuis qu'elles sont entretenues par les manucures du ministère de l'intérieur, jeta en pâture aux partisans et complices de l'action directe la promesse d'une prochaine dénonciation du Concordat avec toutes ses conséquences. Six mois après, sur un prétexte démesurément exploité, les rapports diplomatiques furent rompus avec le Vatican, et, au cours des vacances, M. Combes, à diverses reprises, apprit à la France, sans même se soucier de l'avis de ses collègues, que le Concordat serait promptement rompu, en dépit de la jurisprudence formelle de tous ses prédécesseurs, en dépit des traditions séculaires.

Que voulez-vous ? M. Combes, si hautain, ou plutôt si grossier envers l'opposition, est obligé de « marcher ». Il ne s'appartient plus. Il n'est que la bobine d'induction que chargent Jaurès, Gérault-Richard, Pressensé et Desmons. (*Applaudissements prolongés.*) J'ai eu tort de dire tantôt qu'il n'avait qu'une corde à sa lyre. Il a les cordes de la *Petite République*, de l'*Humanité*, de l'*Action* et du Triangle. Jaurès est le Grand Accordeur. Toutefois, ces quatre cordes rendent le même son.

Après tout, cette rupture du Concordat n'est peut-être qu'un moyen déguisé de prolonger une misérable existence. L'Anticléricalisme est l'élixir de longue vie. C'est l'onguent mirifique qui pare à tout, et l'on pose maintenant la question de séparation des Églises et de l'État pour garantir la longévité du ministère.

Dans le domaine économique, même désarroi. La grève n'est plus l'*ultima ratio* lors d'un désaccord; non, c'est maintenant un appoint électoral, c'est l'occasion de mobilisation de recrues socialistes que l'on a enivrées de fausses promesses jetées au hasard des vents de révolte avec une pudeur d'autant plus grande que l'on promet le bien des autres. Voyez la pauvre Marseille ! Quels jours de deuil elle a traversés. Et, aux quatre points cardinaux, il en fut de même. Quel optimisme ou quel atavisme invétéré il faut aux industriels qui osent encore convertir leur monnaie en instruments de travail et de répartition de richesses. C'est cependant le seul moyen d'augmenter la vitalité du pays et d'occuper la main-d'œuvre.

Il semble que la politique décevante et meurtrière veuille mettre à la broche la vraie poule aux œufs d'or, celle qui assure la poule au pot.

Et le mauvais exemple vient des ateliers de l'État. Les arsenaux sont des foyers d'insurrection et morale et effective. Et c'est un scandale permanent qu'offre le ministre de la marine, se mettant à la remorque de ceux qui lui envoient des sommations et qui le reçoivent, drapeau rouge au vent, aux accents de l'*Internationale* et de l'*Insurgé*. M. Pelletan boit les apéritifs, mais la France souffre de malaises. (*Applaudissements.*)

Dans le domaine patriotique, les pires doctrines heurtent le sentiment national. Et ici encore, nous trouvons l'exécution patiente d'un plan concerté. Jaurès, l'éternel Jaurès, celui dont on peut dire ce que la margravine de Bayreuth disait de je ne sais plus quel gentilhomme Courlandais qu'il est « une bibliothèque renversée » (*Hilarité générale*), a pu tenir, et dans la presse et au Parlement, les propos les plus déconcertants. Il s'accommode du passé, il recommande l'oubli des injures que nous avons subies. Il trouve que la plaie béante au flanc de la France est cicatrisée ou doit l'être, et que d'autres soucis doivent occuper notre avenir. Son auxiliaire, M. de Pressensé, va plus loin encore, et si on l'écoutait, le Coq gaulois, à son instar, se muerait en gras chapon, pour qu'il n'ait plus à chanter les reniements de ces normaliens en dérive. (*Applaudissements.*) Quelles tristes séances que celles qui ont traité l'affaire Delsor, et quel froid à la moelle nous faisait frissonner. Ces intellectuels s'efforcent à ralentir les battements de ce grand cœur qu'est la France, et nous rabâchent les oreilles de recommandations d'eunuques. (*Applaudissements.*) Politique d'effacement, d'oubli, d'isolement, de recueillement, tout cela n'est autre chose que la politique de vieille fille réduite à « faire tapisserie ». Grand merci, nous n'en sommes pas là, mais le sentiment patriotique s'émousserait vite à entendre de si perfides conseils partant du haut de la tribune nationale. Quel aveuglement ! On prétend que l'humanité s'améliore, que les nations ont des mœurs champêtres. On nous promet un siècle bucolique, alors que les plus sombres tragédies assiègent depuis dix ans les quatre coins du monde. Et pour farder la vérité, on mobilise M. Mascuraud et M. d'Estournelles pour attirer à Paris les Outtremers, les Outtremonts. (*Rires.*) Je les aime autant que quiconque, et je les veux bien aimer, les Italiens, les Anglais et les Scandinaves, mais ne trouvez-vous pas avec moi que ces Messieurs qui leur réservent tant de chaudes effusions en pourraient conserver pour les Français (*rifs applaudissements*) qu'ils veulent contraindre au carcan, sous prétexte de poursuivre la chimère de je ne sais quelle impossible unité morale. (*Très bien !*)

Dans le domaine moral, les pires pratiques ont été mises en œuvre, et leur méthode était d'autant plus raffinée et cruelle qu'elle empruntait au secret une entière impunité. Le mystère en fut percé. Un instant de conscience fit monter aux joues de ceux qui l'avaient créé une pudique stupeur. Comme ce fut court ! le lendemain la majorité se ressaisit et allégua que la délation était un devoir d'État, que l'armée méritait toute défiance et qu'aux grands maux il fallait opposer « tous » les moyens. C'est bien là le cri des oies d'un Capitole républicain que personne n'a jamais songé à assiéger. Nous le tenons de la bouche même du nouveau ministre de la guerre, M. Berteaux, qui saluait ces jours derniers le loyalisme impeccable de tous les chefs de corps et de l'armée entière. Non, les délateurs ont suivi les tristes instincts. Ils ont exploité les plus bas sentiments de l'âme humaine. Et ce qui est plus grave, c'est leur état d'inconscience.

Le Grand-Maître de la Maçonnerie, M. Lafferre, se constitue le don Juan du Vadecardisme, le marquis de Priola de l'encartage, et conduit le chœur de la majorité. On prendra simplement des précautions supplémentaires et raffinées. On sécularisera certains congréganistes du Grand-Orient (*rires et applaudissements prolongés*) et la délation s'exercera. Voilà, Messieurs, où nous en sommes. Voilà comment fut terni notre idéal républicain par toutes ces harpies, malpropres et nauséabondes, qui, répandues par tout le pays, ont souillé notre armée. (*Applaudissements.*) Que diraient les fondateurs de la République, les Thiers, les Dufaure, les Gambetta, les Jules Ferry, les Challemel-Lacour, les Spuller, les Floquet, s'ils étaient les témoins de ces turpitudes ?

Vous comprenez déjà, Messieurs, combien tous ces événe-

ments excitent notre action. Nous ne cesserons pas d'aller par
tout le pays montrer ce que peut faire de mal, en très peu de
temps, une majorité de bas instincts, dénuée de tout sens critique, mais travaillée par une boulimie d'appétits. Nous ne faisons,
d'ailleurs, que commenter et vulgariser les discours de nos orateurs, et ils sont nombreux, qui ont, au cours de l'année, défendu
et sauvé l'honneur de nos doctrines, tant à la Chambre qu'au
Sénat. Mais c'est vous surtout, monsieur Ribot, qui alimentez
notre arsenal. Ce sont vos admirables harangues qui nous inspi-
rent. Vous êtes, depuis de longs mois, notre consolation et notre
orgueil. (*Longs applaudissements.*)

Ah ! quelle joie fut la nôtre quand la santé vous fut rendue et
qu'à la Chambre nous entendîmes à nouveau votre voix éloquente.
Jamais on n'a donné plus d'accent à la raison, plus de pointe au
sens national; jamais on n'a parlé une langue plus claire et en
même temps plus élevée, plus prophétique. (*Vifs applaudissements
prolongés sur tous les bancs.*)

Vous n'avez pas parlé en vain. Voilà que des dissidents, ou-
vrant les yeux devant l'abîme, quittent le Bloc. Ils n'ont pas voulu
que nous soyons les seuls bénéficiaires de notre clairvoyance et
de nos avertissements longtemps solitaires. Peu nous importe.
Nous souhaitons que ces dissidents recrutent des soldats. Ils sont
jusqu'ici officiers sans troupes, du peloton hors cadre. Nous ne
serons pas jaloux des avantages qu'ils pourront remporter. Nous
ne demandons pas le pouvoir. Nous demandons simplement une
orientation tout autre que celle qu'imprime le Grand-Orient et qui
nous conduit droit à la faillite effective et morale.

Vous l'avez dit souvent, monsieur Ribot, il y a vacance du pouvoir. M. Combes n'est que le « manager » d'un syndicat d'alimen-
tation, et d'une maison close. (*Bruyants applaudissements.*) Nous
réclamons un gouvernement qui ne soit pas un péril national et
une école de déchéance. (*Applaudissements répétés.*) Je donne la
parole à M. Ribot.

DISCOURS DE M. RIBOT

M. Ribot prend la parole en ces termes :

Mon excellent ami, M. Motte, m'a demandé, non pas de faire
ce qu'on appelle un grand discours politique, mais de vous présenter quelques considérations sur la situation actuelle, sur l'état
actuel des esprits.

Comment aurais-je pu me dérober à son invitation ? J'ai à
m'acquitter d'une dette envers lui.

L'année dernière, la maladie m'a empêché d'assister à la
première réunion de la Fédération républicaine. M. Motte a bien
voulu, en excusant mon absence, vous dire que je l'avais poussé
de toutes mes forces à prendre en mains la direction de cet effort
que nous avons résolu d'organiser pour la défense des idées et
des traditions républicaines, si étrangement mises en oubli depuis
quelques années. J'ai réussi à le convaincre qu'il y avait pour lui
un devoir civique à remplir. Il n'a pas hésité. Il a été, ici, à notre
tête, ce qu'il est à Roubaix, aussi ardent, aussi fougueux dans la
lutte qu'il est prudent et avisé dans les conseils, et tout plein de

cette bonne humeur incisive qui est une si grande force, en politique, quand elle est au service du bon sens et de la raison. (Applaudissements.)

Motifs d'inquiétude. — La politique radicale

L'état actuel des choses et des esprits me paraît inquiétant,
plus inquiétant qu'il n'a été à aucun moment, depuis la fondation
de la République.

Ce qui m'inquiète — je le dis tout de suite — ce n'est pas qu'une
politique plus radicale ait succédé à une politique plus modérée.
De pareils changements sont dans l'ordre naturel des choses. Il ne
faut ni s'en étonner, ni s'y résigner et continuer de lutter avec
énergie pour préparer un retour à nos idées et à une ligne de
conduite plus conforme aux intérêts permanents du pays.

Malheureusement, la politique radicale n'est plus ce qu'elle
était il y a quinze ou vingt ans, dans les mains d'hommes qui
avaient le mérite d'allier à des vues hardies et parfois téméraires
l'horreur de toutes les bassesses et un goût très noble pour les
solutions libérales. La race de ces radicaux d'autrefois est tout
près de disparaître, et ceux qui survivent ne cachent pas la tris-
tesse qu'ils éprouvent à voir ce qu'est devenu leur idéal. Ils ne
se reconnaissent plus dans ce radicalisme étroit, borné, incapable
de s'élever à la véritable conception de la liberté, avide des pro-
fits que donne l'autorité, aimant à dogmatiser, à excommunier ses
adversaires, et rêvant de faire par la violence ce qu'il appelle
l'unité morale du pays.

Nous devions nous attendre, dès l'avènement de ce nouveau
radicalisme, à toute cette série de violences légales qui ont été
commises contre la liberté d'enseignement. Nous n'avons pu,
malheureusement, les empêcher. Nous les avons combattues, sans
nous faire d'illusions sur le succès prochain de nos efforts, pour
rester fidèles à nos idées et pour l'honneur de notre parti.

Il n'était que trop aisé de prévoir que nous serions momentanément vaincus, du moment que l'ancien parti républicain, qui
avait été, pendant tant d'années, le point d'appui de tous les ministères modérés, s'était malheureusement coupé en deux tronçons.
Je ne recherche pas les causes de cette scission, ni si elle était iné-
vitable, ni encore moins qui en est responsable. Je me borne à
constater, par la triste expérience que nous faisons, combien elle
a été funeste, en condamnant les uns à l'isolement et à l'impuis-
sance et en obligeant les autres, pour échapper à cet isolement, de
s'associer à une politique dont ils aperçoivent enfin les dangers,
qui choque si vivement tous leurs instincts de gouvernement,
toutes leurs traditions de modération et de bonne éducation, qu'elle
finira sans doute par les révolter.

La dégradation des mœurs politiques

Certes, je m'attriste de cette politique et je m'inquiète de ses
conséquences, des divisions plus profondes qu'elle creuse entre
Français, des représailles qu'elle prépare peut-être, de la diver-
sion stérile qu'elle fait à l'étude de tant de problèmes si graves
pour l'avenir de notre pays. Mais ce qui doit le plus nous alarmer
à cette heure, c'est moins la violence de certaines persécutions
que l'état dans lequel se trouvent les mœurs publiques. Des faits
récents nous ont permis, non pas de constater l'existence du mal

— nous savons qu'il est ancien — mais d'en mesurer la profondeur.

Ce que je puis appeler la dégradation des mœurs politiques de ce pays a fait, depuis quelque temps, d'effrayants progrès. (*Vifs applaudissements.*)

Prenez le ministère, puis la Chambre des députés, puis le pays lui-même, vous verrez à quel point des notions essentielles s'oblitèrent de jour en jour dans les consciences et comment tout notre régime politique est, de plus en plus, faussé et corrompu.

Le ministère

Nous avons combattu autrefois des ministères que nous respections, parce qu'ils étaient des gouvernements. Ils avaient le courage de leurs idées : ils savaient risquer leur existence, plutôt que de renoncer au rôle du gouvernement qui est de conduire et non de se laisser ballotter aux flots changeants de la politique.

Ces ministères avaient un programme dont ils traçaient eux-mêmes les limites et auquel ils se considéraient comme engagés d'honneur. Il ne serait venu à l'esprit d'aucun d'eux qu'on pouvait, par exemple, après avoir déclaré que la séparation de l'Église et de l'État était pleine de dangers et qu'en tous cas le pays n'avait aucunement montré, dans les dernières élections, qu'il fût prêt à l'accepter, changer brusquement d'attitude et prétendre l'imposer au pays, sans même attendre la prochaine consultation électorale.

On peut être partisan ou adversaire de la séparation de l'Église et de l'État. Mais ce qui n'est pas permis à un ministère, c'est de faire d'une question si pleine de conséquences, d'une immense portée morale, une sorte de jeu parlementaire. Ce qui n'eût pas été toléré autrefois, c'est qu'un président du conseil pût apporter un projet aussi informe, où la pensée dominante semble avoir été, sous prétexte de séparation, de multiplier les causes de conflit et d'irritation entre les Églises et l'État. Ce qui eût paru insupportable, c'est qu'un pareil projet ne fût pas signé par le ministre des affaires étrangères et par le ministre des finances et que, d'une manière presque publique, ceux-ci pussent faire entendre qu'ils laissaient au président du conseil toute la responsabilité et n'entendaient pas s'engager avec lui.

Il y avait autrefois pour les cabinets un point d'honneur à ne pas laisser percer au dehors et surtout à ne pas étaler leurs dissentiments intérieurs. Nous savons aujourd'hui, par les confidences des ministres faites aux journalistes, aux députés mêmes de l'opposition, comment le conseil des ministres se divise sur les principales questions, et rien n'égale l'amertume avec laquelle certains ministres prennent leur revanche, dans des conversations que tout le monde peut entendre, des humiliations qu'ils dévorent en restant liés à une politique qu'ils condamnent parfois plus sévèrement que nous-mêmes.

Les ministres avaient un autre point d'honneur. Ils s'en allaient quand ils avaient acquis la conviction que la Chambre des députés ne les soutenait plus, qu'elle n'avait plus confiance en eux. Ils ne cherchaient pas à prolonger leur existence en sacrifiant leur propre dignité.

Combien ces mœurs sont aujourd'hui loin de nous !

Je ne crois pas qu'on ait vu, à aucune époque, un ministre de la marine se soumettre à l'humiliation d'instituer lui-même une commission d'enquête pour juger sa propre administration, y appeler ses accusateurs, dont l'un avait traité cette administration de péril national, passer du rôle de président à celui d'accusé, entendre les reproches de ses chefs de service et n'y répondre que par des insinuations injurieuses pour leur caractère, essayer de gagner du temps, non pour cacher un désordre qui éclate à tous les yeux, mais pour reculer de quelques semaines, de quelques jours, l'heure des responsabilités. Dans quel pays, à quelle époque, a-t-on vu un pareil spectacle ?

Dans quel pays a-t-on vu un ministre de la guerre mis en cause pour avoir toléré, encouragé dans l'armée des pratiques abominables de délation, demander un délai pour frapper les coupables, puis essayer de couvrir toutes ces turpitudes, refuser de s'en aller devant un vote qui ne l'absolvait qu'à deux voix de majorité et attendre, pour donner sa démission, qu'il eût été l'objet de violences personnelles ?

Dans quel pays aurait-on toléré qu'un président du conseil, dont la complicité était évidente, restât une minute à son banc, après ce départ précipité du ministre de la guerre ?

Et à quelle époque un président du conseil a-t-il accepté les fonds secrets avec un commentaire outrageant du président de la commission du budget, sans même oser provoquer un vote explicite de confiance de la Chambre des députés ?

On a reproché à d'autres ministres d'avoir été autrefois trop susceptibles, d'avoir trop facilement abandonné le pouvoir ; mais ne voyez-vous pas que ces susceptibilités, dont les ministres anglais nous ont donné tant d'exemples, sont la garantie de l'autorité morale, de la dignité des fonctions ministérielles, une des formes de l'honneur, et qu'à se cramponner au pouvoir, on sauve peut-être l'existence d'un cabinet et qu'on avilit le régime parlementaire ? (Applaudissements prolongés.)

La Chambre des députés

Comment la Chambre des députés, qui supporte un gouvernement qu'elle ne respecte plus, n'aurait-elle pas sa part dans cet abaissement des mœurs politiques ? Ce n'est un secret pour personne que le ministère n'a pas la majorité dans la Chambre, que beaucoup de députés qui lui donnent leurs suffrages, se vengent de leur propre faiblesse en parlant de lui avec mépris et que, si on votait au scrutin secret, le cabinet serait immédiatement renversé. Il y a toujours eu, sans doute, des députés qui n'avaient pas le courage de leur opinion, qui avaient cette fâcheuse habitude de vouloir toujours être du côté des ministres et de la majorité, pour obtenir ces menues faveurs qui sont, paraît-il, la condition de leur réélection. Mais à aucune époque on n'avait vu pratiquer un pareil système de corruption, de pareils procédés d'intimidation, un marchandage aussi éhonté dans le cabinet du ministre de l'intérieur, dans les cabinets des préfets et jusque dans les couloirs de la Chambre des députés.

A aucune époque on n'avait vu des députés s'excuser de leurs défaillances en attaquant violemment, dans leurs conversations, le ministère qu'ils n'osaient renverser. On cachait autrefois ces capitulations de conscience, on se serait cru déshonoré à en faire l'aveu. Qu'est-ce que cette morale nouvelle qui s'étale au grand jour, sinon une des formes de la dégradation des mœurs publiques ?

La délation et les forces morales du pays

Mais ce qui nous inquiète encore plus, c'est que cette sorte de décomposition morale s'attaque aux grandes forces nationales et au pays tout entier.

Le pays a appris avec stupeur qu'on a fait de l'armée nationale un champ d'expériences pour la délation, qu'on a livré l'avancement et l'honneur des officiers de cette armée à une agence secrète, organisée de compte à demi par le cabinet du ministre de la guerre et par la franc-maçonnerie. Ce système a fonctionné pendant plusieurs années. Il a été connu du président du conseil à qui M. Waldeck-Rousseau a été, un jour, prédire les légitimes colères qu'il ne manquerait pas de susciter, lorsqu'il serait divulgué. Peut-on imaginer quelque chose qui ressemble plus à la corruption d'un régime en décadence que la sérénité inconsciente avec laquelle le président du conseil a laissé se poursuivre cette promiscuité quotidienne entre le cabinet du ministre de la guerre et l'officine de la rue Cadet ? Peut-on imaginer quelque chose de plus répugnant, de plus avilissant, de plus démoralisant, si ce n'est peut-être le cynisme avec lequel les organisateurs de ce système, pris en flagrant délit, ont essayé de présenter des apologies qui sont un violent défi à la conscience publique ? (*Bravo ! Bravo !*)

Il y a eu, au premier moment, un tel sursaut d'indignation, un tel dégoût, que malgré les sommations de l'extrême-gauche, le ministère n'a pas essayé de remonter le courant. Il a désavoué, tout au moins du bout des lèvres, ce système d'espionnage et de basse délation qui eût suffi autrefois à faire crouler un trône et s'effondrer une dynastie. Certains ministres — il faut le dire à leur honneur — ont de leur propre mouvement infligé un blâme et une disgrâce à quelques-uns des fonctionnaires qui s'étaient ravalés à ce rôle de délateurs.

Oui, il y a des fonctionnaires républicains dont la conscience est à ce point faussée qu'ils ont consenti à faire dans l'ombre ce métier de dénonciateurs. Peut-être ne comprennent-ils pas, à cette heure, l'indignité de leur conduite et c'est justement ce qui m'effraye. On a semé dans ce pays tant de haines, soufflé tant de mauvaises passions, répandu tant de sophismes, que ces fonctionnaires, ces magistrats, ces professeurs croyaient peut-être qu'en s'associant à une honteuse besogne, ils accomplissaient un devoir républicain. S'ils ont été de bonne foi, leur sincérité m'inquiète plus que ne ferait l'aveu de calculs sordides d'ambitions ou de simple méchanceté, car elle montre ce que deviennent les mœurs publiques et même les mœurs privées dans cette atmosphère empestée que nous respirons depuis quelques années. (*Vifs applaudissements.*)

Quel est le devoir du gouvernement, si ce n'est de faire hautement justice de tous ces sophismes, et chasser tous ces miasmes morbides, en se mettant résolument du côté de la probité contre la délation ? Nous ne lui demandons pas de représailles. Ce que la conscience publique exige de lui, c'est qu'il rompe ouvertement avec un système démoralisateur, qu'il frappe les fonctionnaires les plus coupables, qu'il inflige aux autres un sévère avertissement.

Mais il hésite, il tergiverse, parce qu'il redoute la colère de quelques-uns de ses amis, parce qu'il n'a pas le courage d'être honnête jusqu'au point où il risquerait de se brouiller avec eux. (*Très* bien *!Très bien !)* Il a suffi qu'une délégation du Grand-Orient ait été faire entendre des menaces au président du conseil, pour que le garde des sceaux n'ose plus demander sa démission à un juge de paix qu'il voulait révoquer. Où est donc le gouvernement ? Est-il dans les mains des ministres responsables ou dans les mains d'une association secrète ? Y a-t-il encore en France un gouvernement ? C'est la question que tout le monde se pose.

Les fonctionnaires et le favoritisme

Songez à ce que deviendra un pays où il y a six ou sept cent mille fonctionnaires de tout ordre, s'il est admis, passé désormais en doctrine qu'au lieu de dépendre de leurs chefs hiérarchiques, ils sont à la merci des appréciations, non pas même de tel ou tel préfet, mais de telle ou telle association, de tel ou tel comité local ou de ce personnage occulte que le président du conseil décore, dans une récente circulaire, du titre de délégué, qui s'est poussé dans les bonnes grâces du préfet par je ne sais quel zèle officieux, qui souvent lui a été imposé comme un conseiller et un surveillant, véritable tyranneau de village, devant lequel tout le monde doit trembler et qui, en se tenant caché dans une ombre discrète, échappe à toute responsabilité.

Certes, je ne veux pas dire que la politique et ce qu'on appelait autrefois le favoritisme n'aient pas eu, à toutes les époques, une trop grande part dans la nomination et l'avancement des fonctionnaires. Mais, du moins, il y avait quelques garanties dans un ensemble de règles, de traditions qui rendaient les abus plus rares et moins criants, dans une certaine crainte de l'opinion qu'on ne se croyait pas la force et qu'on n'avait pas encore le goût de braver et, enfin, dans un certain respect que les gouvernements avaient d'eux-mêmes et de tout ce que renferme de noble et d'élevé la notion du service de l'État.

Que deviendra, je le répète, cette armée de fonctionnaires, lorsqu'ils sauront que leur avenir dépend moins du zèle qu'ils mettent à servir l'État que de leur empressement à se faire les instruments de telle ou telle politique, lorsqu'ils seront convaincus qu'il faut, avant tout, plaire aux maîtres du jour, être républicain à leur façon et à leur image ? Ce sera le règne de l'hypocrisie, le relâchement de toute discipline et enfin l'avilissement des fonctions publiques. (*Vifs applaudissements.*)

Le véritable esprit républicain

Si nous avions gardé le sens de ce qu'est un régime vraiment républicain, nous nous efforcerions de donner à tous ces fonctionnaires des garanties contre l'abus des influences. Dans tous les pays libres, en Angleterre, en Italie, même aux États-Unis, on a fait des efforts heureux pour combattre l'intrusion de la politique dans le choix et l'avancement des fonctionnaires. Chez nous, tout au contraire, on ne travaille qu'à rendre les ministres, ou plutôt les députés et les sénateurs, omnipotents. Le ministre n'a que les apparences de la toute-puissance; les nominations sont devenues entre ses mains la monnaie dont il se sert pour acheter des suffrages et se maintenir au pouvoir. Les députés, à leur tour, ne songent qu'à étendre leur clientèle et ne s'inquiètent guère que de leur réélection.

C'est l'honneur de M. Dufaure d'avoir essayé de réagir contre cet odieux système. Je puis rappeler non sans quelque fierté d'avoir été associé à ses efforts (*applaudissements*), qu'il avait inauguré un système de concours entre les candidats aux fonctions judiciaires qui se présentaient pour accomplir un stage dans les parquets. C'était un moyen d'écarter le favoritisme, d'appeler à soi des talents et des caractères indépendants, tout en réservant le droit de nomination du garde des sceaux. Ce système avait déjà donné les meilleurs résultats.

On peut citer à la cour de cassation et dans les cours d'appel tels magistrats éminents à qui il a ouvert les fonctions judiciaires. Qu'est-il devenu ? Il avait le tort de diminuer les clientèles politiques. Aussi s'est-on empressé, non pas d'abroger, mais de laisser tomber en désuétude le règlement d'administration publique qu'il avait institué.

Que sont devenues aussi toutes ces propositions de loi de nos amis, pour régler l'avancement dans la magistrature ?

On semble croire aujourd'hui que les magistrats ont encore trop d'indépendance. Le projet que le garde des sceaux a déposé récemment fait peser sur eux la menace d'une nouvelle épuration et il renouvelle une des plus malheureuses tentatives de la Restauration, en créant des juges assesseurs qui auront le droit de juger, sans être protégés par l'inamovibilité.

Comparez un tel projet à celui que l'illustre Zanardelli avait soumis au Parlement italien et vous pourrez mesurer la distance qu'il y a entre la hauteur de vues d'un ministre radical qui ne songe qu'à relever l'indépendance des magistrats, parce qu'une démocratie a besoin d'une magistrature universellement respectée, et les expédients misérables où se traîne chez nous la politique.

L'armée et la marine

L'armée et la marine ont autant besoin que la magistrature qu'on les protège contre un régime de suspicion et d'arbitraire. Le nouveau ministre de la guerre a rendu hommage à l'admirable esprit de devoir et de discipline qui les anime et qui, depuis trente ans, les a défendues contre toutes les tentatives d'écouter la voix des partis politiques. Il a montré que la diversité des croyances et des opinions n'empêche pas l'armée d'être unie dans un grand sentiment de patriotisme où s'effacent toutes les différences d'origine et d'éducation. Il a reconnu qu'on ne pouvait pas demander compte à l'officier qui n'est pas même électeur de ses préférences personnelles, mais seulement exiger de lui qu'il remplisse avec une absolue correction ses devoirs envers la République. Que le ministre se hâte de détruire jusqu'au souvenir de l'abominable système de délation que le pays tout entier vient de flétrir ! Qu'il donne aux officiers les garanties qu'il leur a promises; qu'il décourage les ambitions malsaines, qu'il permette à l'armée de se consacrer en silence à sa noble tâche ! S'il est fidèle à ses promesses, il aura rendu à la France un grand service. Car, où allions-nous avec ce système par lequel on se vantait de faire une armée républicaine ? A la honte, à l'anarchie, à la ruine de toutes nos espérances. (*Longue salve d'applaudissements.*)

L'abus des influences et l'unité morale du pays

Les abus d'influence ne sont pas à craindre seulement quand il s'agit de l'armée, de la marine ou des administrations publiques. L'Etat dispose, en France, d'une infinité de moyens par lesquels des ministres sans scrupules ont prise sur l'indépendance des plus humbles citoyens. On fait sans cesse le procès de la centralisation et on la renforce sans cesse par toutes ces lois qui mettent aux mains des ministres la distribution d'une foule de petites subventions, d'encouragements ou de distinctions honorifiques.

Il n'est pas une commune qui ne s'adresse tous les jours au préfet ou au ministre pour ses chemins, pour ses écoles, pour les moindres travaux d'utilité publique. Il n'y a pas une société de tir ou de musique qui n'ait besoin de la même bienveillance. Si un ouvrier des villes ou un habitant de la campagne a un fils au service militaire, il sait que les dispenses, les congés passent par l'intermédiaire du préfet et doivent être apostillés par le député. Qu'on décide, en haut lieu, que le préfet n'accordera plus rien, fût-ce un secours d'extrême misère, fût-ce une permission à l'époque de la moisson, fût-ce l'agrément d'un garde particulier, que sur des listes de clientèle politique préalablement soumises à l'approbation du délégué qui veille au fond de chaque commune à ce que l'argent des contribuables et les faveurs de la loi n'aillent qu'aux amis de la coterie dominante, quel sera l'effet de cette éducation sur un pays à qui, dans les siècles passés, a déjà manqué la forte éducation qui fait les peuples libres et les consciences indépendantes ?

Faut-il s'étonner qu'un pareil régime attise encore les haines et donne aux divisions locales un caractère plus dangereux ? Il n'y a pas de pays où, sous le couvert de l'unité politique réalisée depuis des siècles, fermentent plus de germes destructeurs de l'unité morale. Combien aveugles sont ceux qui ne voient pas que c'est un crime contre la patrie d'aigrir, d'envenimer, d'exaspérer ces divisions et d'ébranler de plus en plus, dans les âmes, le sentiment de la justice sociale ? Par quelle singulière ironie ceux qui poursuivent cette œuvre néfaste de discorde et de haine osent-ils se présenter comme les restaurateurs de l'unité des sentiments et des croyances ?

Il y a quelques années, M. Jaurès, parlant à la Chambre des députés de l'impôt sur le revenu, avouait que les divisions dont souffre le pays y rendraient plus difficile qu'ailleurs l'établissement d'un impôt personnel, qui comporte fatalement une large part d'arbitraire. Il accusait de ces divisions les gouvernements qui se sont succédé en France, depuis l'établissement de la République.

« La véritable garantie, ajoutait-il, c'est un gouvernement qui représente vraiment la République et non des coteries locales contre la justice. »

C'est ce gouvernement que la France attend et que sont bien décidés à lui refuser M. Jaurès et ses amis, tout occupés qu'ils sont aujourd'hui à exercer à leur profit cette basse dictature dont ils dénonçaient naguère l'action malfaisante et à couvrir de leur éloquence jusqu'à ces vils procédés de délation organisée qui auraient fait horreur aux gouvernements précédents.

Si encore ces abus d'autorité étaient, comme à d'autres époques, la rançon des bienfaits d'un pouvoir fort, sûr de lui-même, mis au service de grands desseins ! Mais non ! Nous avons tous les bas côtés de la tyrannie et tous les dangers de l'anarchie. Jetez les yeux autour de vous. L'anarchie, elle est dans le ministère, elle est dans la Chambre des députés ; elle commence à désorganiser nos forces nationales. Quel spectacle, par exemple, que celui de tel port de guerre, où un chef, lassé d'être bafoué, en est réduit à démander au ministre un congé de convalescence, pour ne pas assister à la ruine de tout ce qui fait l'honneur et la force de la marine française ! (*Applaudissements prolongés.*)

Le cri des prochaines élections

Faut-il se décourager à la vue de tous ces dangers qui nous menacent, de toutes ces ruines et de toutes ces hontes ? Non, certes ! Il faut s'organiser, parler au pays, s'adresser à sa conscience, à son honnêteté, à son horreur de tout ce qui est bas et lâche. C'est en faisant appel aux forces de l'opinion publique que dans d'autres pays des citoyens courageux ont réussi à triompher de maux semblables à ceux dont nous souffrons, à relever les mœurs publiques, à faire reculer, comme aux États-Unis, cet odieux système des dépouilles qui était une cause de déshonneur pour la démocratie américaine.

Faisons de même ! Que le cri des prochaines élections soit : Respect à toutes les croyances, honnêteté et probité dans le gouvernement, honte à ceux qui, par d'indignes procédés, ont tenté de flétrir le vieil honneur français, réconciliation de toutes les forces morales du pays par la liberté, par la tolérance, par l'exaltation du sentiment patriotique.

A quoi serviraient des associations telles que la nôtre, si elles ne travaillaient pas à former, à conduire, à secouer l'opinion et à chercher au cœur même du pays la force dont nous avons besoin pour changer les hommes qui nous gouvernent, pour changer surtout l'esprit du gouvernement ? Car que servirait-il de prendre d'autres ministres, si l'esprit devait rester le même et si nous devions, par une pente adoucie, continuer de courir à l'abîme.

L'admirable discours de M. Ribot — est-il besoin de le dire ? — a été frénétiquement applaudi et il a provoqué, à diverses reprises, les ovations répétées de la salle tout entière.

RAPPORT

Adressé à l'assemblée générale de la Fédération républicaine, sur l'activité de l'association pendant l'année 1903-1904, par M. Frédéric CLÉMENT, secrétaire général.

Messieurs et chers Collègues,

Le Comité directeur m'a fait l'honneur de me charger de vous rendre compte de l'activité de la Fédération républicaine pendant la première année de son existence. Je ne vous promets pas d'être bref : ce serait l'aveu que nous avons fait peu de chose. Et cela est peut-être vrai au prix de tout ce qu'il y avait à faire, et qui était de reconstituer de toutes pièces un parti qui a encore une grande activité parlementaire, mais qui, au point de vue électoral, n'existait, il y a un an, dans un grand nombre de régions, qu'à l'état amorphe et inorganique. Mais cela n'est pas vrai d'une façon absolue. Pour que vous puissiez nous juger en connaissance de cause, il est nécessaire de pénétrer dans des détails qui pourront vous paraître fastidieux. Mais à quoi servirait-il de vous dire, dans

une sèche nomenclature, que nous avons donné tant de conférences, fondé tant de comités, créé tant de journaux, fourni à nos
adhérents tant de consultations juridiques, si nous ne pouvions
placer le résultat obtenu à côté de l'effort accompli, et vous prou-
ver, non par des mots, mais par des faits, que la collaboration personnelle et les sacrifices matériels que nous réclamons de chacun
de vous n'ont pas été inutiles ? Il n'y a pas d'autre moyen d'accomplir cette tâche que de parcourir rapidement les trente ou quarante
départements sur lesquels a porté notre propagande. Je demande
une demi-heure à votre patience. Vous voudrez bien vous dire,
pour supporter plus allégrement cette épreuve, que ce rapport
sera infiniment moins long à entendre qu'il ne l'a été à écrire.

Département du Nord.

La Fédération a pris une part active aux luttes électorales du
printemps et de l'été dernier. Un comité départemental s'est constitué sous la présidence de M. Eugène Motte. Il a, dès à présent,
fondé une section d'arrondissement à Valenciennes. Les délégués
de la Fédération, au premier rang desquels je suis heureux de saluer notre collègue, M. Chatteleyn, le nouveau sénateur du Nord,
se sont fait entendre à Lille, Roubaix, Valenciennes, Somain, et
dans d'autres communes moins importantes. Nous avons, outre
les comités à circonscription étendue, un petit groupement dans
le difficile centre industriel de Caudry. Les résultats des élections
municipales ont été excellents. Lille, Armentières, Somain et une
dizaine de grosses communes ont été enlevées aux radicaux et aux
collectivistes. M. Delesalle, le nouveau maire de Lille, a été appelé par le comité directeur à faire partie de notre conseil général.
Les élections au conseil général ont été moins favorables. Toutes
compensations faites, une évaluation modérée permet d'estimer à
cent voix la majorité de l'opposition dans le collège sénatorial du
Nord, et il y a lieu d'escompter le gain total de la représentation
de ce département aux élections sénatoriales de 1906. (*Très bien !
Très bien !*)

Département du Pas-de-Calais.

Nous n'avons eu à nous occuper que de la circonscription de
Béthune, pour coopérer à la fondation d'un journal dans la région
houillère de Lens. Les pourparlers engagés n'ont pas encore définitivement abouti.

Département de la Somme.

Activité presque nulle. La Fédération s'est bornée à des démarches, qui n'ont malheureusement pas abouti, pour susciter
des candidatures au conseil général. Les élections municipales
ont été bonnes dans l'ensemble du département.

Département de l'Oise.

L'activité de la Fédération a été intense. Une grande réunion
politique a réuni à Beauvais les orateurs les plus qualifiés de notre
parti. La municipalité progressiste, dirigée par notre collègue,
M. Hucher, a été réélue. Nous avons victorieusement défendu, au
conseil général, avec le concours de M. José Théry, le siège d'Es-
trées-Saint-Denis, occupé par notre collègue, M. Langlois. Enfin,
nous avons donné une troisième conférence à Breteuil. Les élec-

tions municipales et départementales ont été favorables à l'opposition dans les deux arrondissements de l'Est, défavorables dans les deux arrondissements de l'Ouest. Dans l'ensemble, il y a compensation, et la majorité du collège sénatorial reste acquise aux républicains progressistes. Nous avons le devoir de signaler d'une part le grand effort d'organisation tenté par notre collègue, M. le député Duquesnel, dans l'arrondissement de Clermont, et la constitution de nombreux comités cantonaux qui sont en relations étroites avec la Fédération, d'autre part, la brillante campagne de conférences faites par notre collègue, M. Audigier, dans l'arrondissement de Senlis.

DÉPARTEMENT DE SEINE-ET-OISE.

Nous n'avons eu à prendre part qu'aux élections municipales de l'Isle-Adam, où nous avons été soutenir la liste républicaine progressiste de notre collègue, M. le marquis de Montebello ; elle a gagné plusieurs sièges sans arriver tout à fait à conquérir la majorité du conseil. Les élections municipales ont marqué un léger recul du mouvement d'opposition intense qui s'était manifesté en 1900. Les élections départementales ont été excellentes, et tout à fait triomphales dans l'arrondissement de Mantes où nous avons été victorieux dans tous les cantons. M. Simon, premier adjoint au maire de Versailles, a été désigné par le comité directeur pour représenter les municipalités de Seine-et-Oise dans notre conseil général.

DÉPARTEMENT DE L'EURE.

Nous avons fait une conférence à Evreux et deux à Vernon. Nous avons dans ces deux villes un comité constitué et un comité en voie de formation à Bernay. Notre comité de Vernon, très actif, a fait pénétrer une petite minorité au conseil municipal. Notre comité d'Evreux avait brillamment triomphé dans une élection partielle, mais il a échoué aux élections générales. Aux élections départementales, le grand effort tenté par l'administration pour enlever son siège à M. Milliard, a complètement échoué. La majorité progressiste du conseil général s'est retrouvée intacte.

DÉPARTEMENT DE LA SEINE-INFÉRIEURE.

Une des grandes manifestations de la Fédération républicaine a eu lieu à Rouen où MM. Motte et Aynard ont pris la parole devant plusieurs milliers d'auditeurs. Cette magnifique réunion a certainement contribué à l'élimination complète du conseil municipal des radicaux sortants. Notre collègue du comité directeur, M. Leblond, a été réélu maire et plusieurs des adjoints ont été choisis parmi les membres de la Fédération. (Applaudissements.)

Au Havre, le comité républicain, affilié à la Fédération, a conquis de haute lutte la municipalité. Le comité directeur a appelé le nouveau maire du Havre, M. Maillard, à faire partie de notre conseil général. (Très bien ! Très bien !)

A Neufchâtel-en-Bray, à la suite d'une conférence donnée par un des délégués de la Fédération, les républicains progressistes ont choisi pour candidat au conseil général M. Jean Thureau-Dangin, gendre de notre collègue, M. Leroy-Beaulieu, qui a été élu. Dans ces élections départementales, l'administration avait fait porter tout son effort sur le siège de Maromme, occupé par notre collègue, M. Besselièvre, qui a été réélu à une majorité écrasante.

DÉPARTEMENTS DE LA SARTHE, DE LA MAYENNE, DU CALVADOS ET DE L'ORNE.

La Fédération n'a pas eu l'occasion d'intervenir.

DÉPARTEMENT DE LA MANCHE.

La Fédération a accordé son patronage à un grand organe bi-hebdomadaire, le *Journal de la Manche et de la Basse-Normandie*, qui entretient avec nous des rapports suivis. Les élections municipales et départementales ont été, dans l'ensemble, défavorables au parti ministériel, et ont même tourné, sur plusieurs points, au profit des conservateurs.

DÉPARTEMENT D'ILLE-ET-VILAINE.

Le comité républicain libéral de Rennes s'est affilié à la Fédération. Notre collègue, M. Pinault, sénateur, a été réélu maire de Rennes.

DÉPARTEMENT DES COTES-DU-NORD.

Nous avons des adhérents isolés à Saint-Brieuc, Rostrenen, et dans plusieurs communes, et un groupe en formation à Dinan. La Fédération a donné dans cette dernière ville une réunion dans laquelle M. Renault-Morlière a prononcé un important discours politique. M. Rosse, maire de Dinan, qui a présidé cette réunion, qui nous prête dans cette région le plus intelligent concours, a été appelé par le comité directeur à siéger au conseil général de la Fédération républicaine. (*Très bien ! Très bien !*)

DÉPARTEMENTS DU FINISTÈRE, DU MORBIHAN ET DE LA LOIRE-INFÉRIEURE.

L'activité de la Fédération ne s'est pas portée sur ces trois départements. Cependant, il y a quelques jours, nous avons reçu des délégués d'un groupe important d'électeurs de Nantes et Chantenay, et des pourparlers sont engagés en vue de l'organisation d'une manifestation politique.

DÉPARTEMENT DE LA VENDÉE.

Notre collègue, M. Jeanneau, a soutenu une lutte acharnée au conseil général pour le canton de Noirmoutiers. Il a été réélu malgré une pression scandaleuse et l'intervention directe des fonctionnaires de la marine.

DÉPARTEMENT DE MAINE-ET-LOIRE.

Nous avons à Angers un excellent comité, très nombreux et très militant. La Fédération républicaine est intervenue de la façon la plus active dans une élection au conseil général qui avait une importance capitale. Une première fois, M. le sénateur Vidal de Saint-Urbain et M. G. Bonnefous, une seconde fois l'auteur de ce rapport, ont donné au cirque de grandes réunions, dont la seconde a été suivie de manifestations tumultueuses dans les rues. L'effet a été décisif. Notre collègue, M. le docteur Monprofit, chirurgien en chef de l'Hôtel-Dieu, a battu à six cents voix de majorité le député radical Bichon, conseiller sortant. Le distingué président de notre comité, M. Bouhier, ancien maire, a été moins heureux dans un autre canton. Combattu à la fois par un radical et par démocrate chrétien, il a néanmoins réuni sur son nom une minorité de près de 3.000 voix

Le comité directeur a tenu à associer la Fédération à notre brillante victoire d'Angers, en appelant M. le docteur Monprofit à siéger dans notre conseil général. Son acceptation nous a été particulièrement agréable, au moment où il venait d'être porté par ses pairs à la présidence du congrès de chirurgie de France, et où ses travaux venaient d'être consacrés par le double suffrage de l'Académie de médecine et de l'Institut. (Vifs applaudissements.)

DÉPARTEMENT D'INDRE-ET-LOIRE.

La Fédération a donné une importante réunion à Tours, avec le concours de plusieurs membres du Parlement. Le chiffre des suffrages progressistes s'est considérablement élevé aux élections municipales. Notre propagande a également pénétré dans les communes rurales de la banlieue de Tours. Nous avons donné deux conférences à Montlouis et Saint-Avertin.

DÉPARTEMENT DE LOIR-ET-CHER.

La Fédération républicaine n'est pas intervenue et ne compte presque pas d'adhérents dans ce département.

DÉPARTEMENT D'EURE-ET-LOIR.

De nombreux groupes sont en formation. Celui de Châteaudun a été inauguré par une conférence du secrétaire général de la Fédération. Il a immédiatement engagé contre la municipalité radicale, qui est maîtresse absolue de la ville, une lutte extrêmement difficile et a réussi à faire passer au conseil un de ses principaux membres. Dans le reste du département, les élections municipales ont été excellentes. A Chartres et à Dreux, les listes républicaines progressistes ont passé entières. Aux élections au conseil général, nous avons énergiquement appuyé, contre le député Violette, la candidature du maire de Dreux, qui n'a échoué que de quelques voix. Le comité directeur a appelé M. Fessard, maire de Chartres, à siéger dans notre conseil général. Il a le vif espoir de le voir entrer dans quelques jours au Sénat. (Bravos !)

DÉPARTEMENT DU LOIRET.

Nous avons un important comité adhérent à Orléans. Il a fait passer au conseil municipal dix-huit candidats sur trente-six, après une brillante conférence de MM. Barboux et Azard. M. Barboux est également intervenu dans l'élection au conseil général pour le canton de Jargeau, en faveur de notre collègue M. Baguenault de Puchesse, qui n'a échoué que de quelques voix au second tour, à la suite de procédés d'intimidation d'un caractère particulièrement odieux, et sur lesquels le dernier mot n'est pas dit. A Montargis, les résultats des élections départementales ont été nettement défavorables à nos amis. A Gien, notre collègue, M. Noblemaire, a fondé un excellent journal et donné une série de conférences qui ont eu un grand succès. Nous nous proposons de lui apporter dimanche prochain le concours de la Fédération républicaine.

DÉPARTEMENT DE SEINE-ET-MARNE.

Les élections municipales ont été nettement mauvaises; nous avons tenté un effort inutile pour défendre la municipalité sortante de Nemours, et nous avons également perdu celle de Melun, qui était dirigée par notre collègue, M. Villeneuve. Nos efforts ont été plus heureux à Coulommiers, où nous avons fondé un comité. Nous y avons donné deux conférences, et avons réussi à faire pénétrer au conseil municipal une importante minorité. Nous en avons également donné une dans le chef-lieu du canton de Lizy-sur-Ourcq. Au scrutin départemental, nous avons victorieusement défendu nos positions, et l'opposition républicaine a gardé tous ses sièges au conseil général.

DÉPARTEMENT DE L'AUBE.

Nous avons un grand comité départemental en formation. Nous avons perdu la municipalité de Troyes, que les républicains progressistes n'avaient conquise que par la division des radicaux et des socialistes. Mais le chiffre des voix d'opposition s'y est considérablement accru. Nous avons conquis les municipalités de Bar-sur-Aube et des Riceys, et deux sièges au conseil général. L'ensemble des résultats est extrèmement satisfaisant.

DÉPARTEMENT DE L'YONNE.

Presque rien à signaler. Un de nos adhérents a enlevé la municipalité de Saint-Florentin au sénateur radical Lordereau.

DÉPARTEMENT DE LA MARNE.

La Fédération a déployé une grande activité dans ce département, et elle y a rencontré, notamment à Reims, des concours matériels d'une générosité exceptionnelle. Une grande réunion, tenue au cirque devant deux mille auditeurs, a groupé, autour de MM. Eugène Motte, de Montebello et Clément, les délégués de toutes les organisations régionales voisines — Château-Thierry, Soissons, Vervins, Rethel, Vitry-le-François. MM. Bertrand, de Montebello et Colrat à Ay, Bonnefous à Verzenay, Bertrand et de Montebello à Givry-en-Argonne, ont ensuite fait pénétrer notre propagande dans les milieux agricoles et viticoles. Nous avons affilié le comité républicain rémois, toutes les associations républicaines anticollectivistes du canton d'Ay, enfin la grande association républicaine de Vitry-le-François. Les résultats de cet effort ont été sensibles, sans atteindre toutefois ce que nous espérions. Nous avons gagné quelques municipalités, un siège au conseil général et un au conseil d'arrondissement.

DÉPARTEMENT DE L'AISNE.

Ici notre propagande a été intense et extrèmement fructueuse. L'arrondissement de Château-Thierry, tout d'abord, a fourni à la Fédération un immense contingent d'adhésions individuelles. Dès le mois de décembre, MM. de Montebello et Bérard y inauguraient, avec beaucoup d'éclat, la série de nos grandes conférences. Puis nous pénétrions dans les communes rurales, soit, comme à Tréloup et à Coincy, avec le concours des délégués du comité central, soit avec le concours des orateurs excellents que le comité local, adhérent à la Fédération, peut mettre en ligne. Nous avons eu, à plusieurs reprises, à signaler au comité directeur la parfaite organisation et l'inlassable activité de ce comité. Il a obtenu des résultats sensibles et définitivement conquis, par une double et brillante élection, le canton même de Château. (*Très bien ! Très bien !*)

A Soissons, nous avons reçu, dès la première heure, l'adhésion du comité de l'Union républicaine. M. Méline, accompagné par plusieurs membres du Parlement, est venu présider, au milieu d'un vif enthousiasme, un grand banquet démocratique. Quelques semaines plus tard, la municipalité radicale était renversée. (*Applaudissements.*)

L'impression causée par cette manifestation a été si vive que M. Combes a cru utile de venir y répondre à Laon. Le résultat de son intervention a été différent. Notre collègue, M. Ermant, a été réélu maire. Le comité directeur a tenu, en l'appelant à faire partie du conseil général, à souligner l'importance politique de cette victoire, qui devait être complétée quelques mois plus tard par l'élection triomphale de notre collègue au Sénat.

Nous en aurons terminé avec ce département, en signalant la grande conférence donnée à Hirson par M. Ch. Claro, sous la présidence de M. le député Marot. Le comité républicain de la 1re circonscription de Vervins est également adhérent à la Fédération républicaine. Enfin, ce matin même, nous avons été avisés de la constitution d'un comité à Saint-Quentin qui compte, dès le jour de sa naissance, une centaine de membres. (*Vifs applaudissements.*)

DÉPARTEMENT DES ARDENNES.

Nous avons recueilli, dès la première semaine de notre existence, l'adhésion du comité d'arrondissement de Rethel, qui est très actif. C'est un peu par son intermédiaire que nous avons pénétré dans les Ardennes. La presse progressiste y avait entièrement disparu. Aucune tâche n'était plus urgente que de reconstituer un journal. Une combinaison a été étudiée, soit à Paris, soit à Reims, soit à Charleville, qui permit de créer, pour les Ardennes, une édition régionale de notre grand organe la *Dépêche de l'Est*. Un délégué de la Fédération, parcourant les centres industriels de la vallée de la Meuse, a recueilli, en même temps que les souscriptions nécessaires, les éléments d'un vaste comité d'action A la suite d'une grande réunion tenue à Charleville, avec le concours de MM. de Montebello et Jules Roche, le journal parut. Il prospère aujourd'hui. Il a déterminé un mouvement d'opinion qui s'est traduit par l'échec, au conseil général, de son président, le sénateur Goutant. Nous sommes heureux de saluer, dans la jeune *Dépêche des Ardennes*, une fillette de la Fédération républicaine. Nous avons également un comité très actif à Fumay, qui est composé presque exclusivement d'ouvriers.

DÉPARTEMENT DE LA HAUTE-MARNE.

Le comité de Chaumont, qui a adhéré récemment à la Fédération, nous a demandé notre concours pour des conférences. La première vient d'avoir lieu, avec un plein succès, dans le chef-lieu de canton de Châteauvillain.

DÉPARTEMENT DE LA MEUSE.

Aucune intervention. L'opposition, très puissante, est de nuance nationaliste. Ses gains et ses pertes, aux dernières élections, paraissent s'être équilibrés.

DÉPARTEMENT DE MEURTHE-ET-MOSELLE.

La situation de ce département, comme du précédent, est extrêmement difficile. Nous avons le vif désir de rallier, autour du groupe de républicains progressistes qui nous est resté fidèle, les éléments modérés de la droite et de la gauche. Nous espérons que les efforts que nous avons entrepris dans ce but viendront à bout des ressentiments surexcités par des luttes extrêmement vives, et dont le souvenir n'est pas encore apaisé.

DÉPARTEMENT DES VOSGES.

Nous avons un bon comité à Dompaire et de nombreux adhérents dans la ville d'Epinal. Le comité de Dompaire a donné une conférence qui a bien réussi, avec le concours de M. Henry Boucher. Il a remporté une victoire signalée à l'élection au conseil général. Nos conférenciers doivent se rendre prochainement à Bruyères et Rambervillers.

M. Stein, maire d'Epinal, a été appelé à faire partie de notre conseil général.

DÉPARTEMENT DE LA HAUTE-SAÔNE ET TERRITOIRE DE BELFORT.

La Fédération ne s'est pas manifestée dans cette région où la candidature officielle est particulièrement intense, et où les élections municipales et départementales ont été nettement défavorables à l'opposition.

DÉPARTEMENT DU DOUBS.

Nous avons à signaler la constitution du comité républicain départemental du Doubs, sous la présidence de notre collègue, M. de Moustiers, et le grand banquet démocratique donné à Ornans, avec le concours de M. Prevet. Les radicaux s'étaient vantés d'un gain important aux élections municipales. Vérification faite, ces affirmations étaient purement et simplement fausses. L'avantage était plutôt du côté des républicains progressistes. Au conseil général, le Bloc perdait le siège de Maîche et n'en gagnait aucun. Il conservait, à quelques voix de majorité, le siège de Clerval, à la suite d'actes de pression administrative d'un caractère absolument révoltant, notamment l'affiche d'un maire menaçant une commune de se voir refuser tout subside si elle votait « pour le candidat opposé à M. le Préfet ». (Rumeurs.)

DÉPARTEMENT DE LA CÔTE-D'OR.

La Fédération républicaine a coopéré, à la suite d'une causerie de son secrétaire général, à la formation d'un groupe républicain progressiste dans l'arrondissement de Beaune.

DÉPARTEMENT DU JURA.

Nous avons le regret de constater un certain découragement parmi les membres de notre section de Dôle. Il y a cependant de très bons éléments dans cet arrondissement, qui sera prochainement visité par les délégués de la Fédération.

DÉPARTEMENT DE SAÔNE-ET-LOIRE.

Nous avons affilié le comité d'arrondissement de Louhans, qui est très actif. Nous avons d'assez nombreux adhérents dans le Charolais, où nous nous proposons d'aller constituer prochainement une organisation permanente.

DÉPARTEMENT DE L'AIN.

Nous n'avons que des adhérents dispersés. Les élections municipales et départementales ont été bonnes dans les villes, notamment dans le centre industriel d'Oyonnax.

DÉPARTEMENT DU RHÔNE.

Nous avons des comités adhérents dans le premier arrondissement de Lyon, dans le canton de Vaugneray, dans les centres industriels de Cours et de Thizy. Notre collègue, M. Aynard, a présidé une grande manifestation politique à Vaugneray. Nos délégués, MM. Azard et Fraysse, ont donné deux conférences à Cours et deux conférences à Thizy, qui ont eu la meilleure influence sur le résultat des élections municipales.

De son côté, le comité de Lyon a donné plusieurs réunions, dont l'une avec le concours de notre collègue, M. Bonnevay. Enfin les Fédérations républicaines des six arrondissements de Lyon viennent de faire appel à notre concours pour fonder une organisation d'ensemble. Notre président se propose de répondre prochainement à cette invitation.

DÉPARTEMENTS DE LA SAVOIE, DE LA HAUTE-SAVOIE, DES BASSES-ALPES, DES HAUTES-ALPES ET DES ALPES-MARITIMES.

La Fédération n'a pas encore pénétré dans la région limitrophe de la frontière italienne. Il n'y existe aucun vestige d'organisation. Les élections n'ont pas été bonnes dans les deux Savoies.

DÉPARTEMENT DE L'ISÈRE.

Nous avons des groupes adhérents à Saint-Symphorien-d'Ozon et La Côte-Saint-André. Les résultats des élections dans l'arrondissement de Vienne ont été encourageants.

DÉPARTEMENT DE LA DRÔME.

Dans ce département difficile, nous avons le plaisir de constater la très grande activité de notre comité de Valence, qui a fondé plusieurs sections de communes. MM. Bonnevay et Bérard ont pris la parole à l'inauguration du cercle républicain progressiste de Valence. Un autre de nos conférenciers, M. Blondont, a présidé à l'inauguration du comité de Saint-Laurent-en-Royans, et donné le même jour une réunion contradictoire à Saint-Jean-en-Royans, où il a vigoureusement tenu tête aux orateurs socialistes.

DÉPARTEMENT DE VAUCLUSE.

Nous avons affilié récemment la très importante Fédération républicaine de Vaucluse, qui nous a immédiatement signalé la victoire caractéristique qu'elle a remportée au conseil d'arrondissement dans un des cantons d'Avignon.

DÉPARTEMENT DES BOUCHES-DU-RHÔNE.

Nous avons là plusieurs groupements très ardents. Celui de La Ciotat a invité récemment le secrétaire général de la Fédération à un grand banquet démocratique, et lui a réservé le plus chaleureux accueil.

A Marseille, le Grand Cercle républicain improvisait en son honneur, sur l'initiative de M. le premier adjoint Eugène Pierre, une cordiale réception. Et il doit renoncer à dénombrer la quantité de discours qu'il a été appelé à prononcer au cours de ces deux journées.

Le cercle républicain d'Aix a également adhéré à la Fédération; il a brillamment fait réélire la municipalité républicaine anti-ministérielle.

Enfin, je n'ai pas à vous apprendre la victoire remportée à Marseille même par les hommes d'ordre sur les collectivistes. Nous y avons coopéré dans la mesure de nos forces; nous nous félicitons de compter des amis très dévoués parmi les membres de la municipalité, et nous avons la satisfaction de vous annoncer que, sur l'invitation du comité directeur, M. le maire Chanot a accepté de figurer dans notre conseil général. (*Applaudissements prolongés et acclamations. — L'auditoire fait une ovation à M. Chanot, présent à la séance, et qui est vivement félicité par un grand nombre de ses collègues.*)

DÉPARTEMENT DU VAR.

Nous avons eu à intervenir dans les élections municipales de Toulon. Un de nos délégués a reçu le mandat d'établir un accord entre deux fractions divisées de l'opposition républicaine. Ses efforts très intelligents ont paru un instant aboutir, mais ils ont été compromis au dernier moment par des exigences réciproques, et la division qui s'est produite a amené la victoire de la liste collectiviste. Elle a été compensée, dans une certaine mesure, par la conquête de la municipalité de La Seyne.

DÉPARTEMENT DU GARD.

Un cercle républicain s'est constitué à Nîmes, où la lutte est extrêmement difficile entre les royalistes et les socialistes. Il est affilié à la Fédération, et nous a demandé une conférence, qui sera faite dans quelques jours par M. Raiberti.

DÉPARTEMENT DE L'HÉRAULT.

Nous avons un excellent comité adhérent à Montpellier. Son président, M. Vialle, a enlevé dans la ville un siège au conseil d'arrondissement. Nous avons un autre comité adhérent dans l'arrondissement de Lodève, à Saint-André-de-Sangonis. Un de nos délégués, M. Azard, y a donné, devant un immense auditoire, une conférence qui a amené le gain de cette importante municipalité. Grâce à l'activité particulière du président de ce comité, plusieurs groupements de la Fédération sont fondés dans les petites communes rurales de Fontès, Péret et Pouzols.

DÉPARTEMENTS DE LA LOZÈRE, DE L'ARDÈCHE, DE LA HAUTE-LOIRE ET DU CANTAL.

La Fédération n'est pas intervenue. Les élections municipales ont été très favorables à l'opposition dans l'Ardèche. Notre collègue, M. Gaillardon, a été élu conseiller général de la Lozère pour le canton de Saint-Chély-d'Apcher.

DÉPARTEMENT DU PUY-DE-DÔME.

A Clermont-Ferrand, la municipalité radicale sortante a été combattue par une liste de la Fédération républicaine, qui a eu de très nombreux élus. La majorité semblait lui être acquise, lorsque trois défections de conseillers d'une section rurale ont assuré au parti radical une voix de majorité.

Notre activité s'est particulièrement manifestée dans l'arrondissement d'Ambert, où nous avons donné deux conférences, l'une à Marsac avec M. Bonnefous, l'autre à Ambert même avec M. Brindel, conseiller général de la Corrèze. Le comité que nous avons constitué déploie la plus grande activité. Nous avons le vif espoir de reprendre cet arrondissement aux élections législatives.

DÉPARTEMENT DE L'ALLIER.

Aucune intervention de la Fédération républicaine. Les républicains progressistes ont gagné la municipalité de Montluçon. Un rapport qui nous est parvenu de Gannat nous signale un double mouvement très net, favorable dans les villes, défavorable dans les campagnes.

DÉPARTEMENT DE LA LOIRE.

Nous avons un comité à Saint-Etienne, dont le président, M. Soulene, a été appelé à siéger dans notre conseil général. Il se félicite des progrès marqués accomplis dans la ville aux élections municipales.

Aux élections départementales, qui n'ont pas été excellentes, nous avons eu à déplorer l'échec de M. Audiffred. Vous savez quelle brillante revanche il vient de prendre aux applaudissements de son parti. (*Très bien ! Très bien !*)

DÉPARTEMENT DE LA NIÈVRE.

MM. Audigier et Bonnefous ont donné une importante conférence à Luzy, où nous avons un comité très militant. Nous avons énergiquement appuyé les candidats républicains progressistes à Château-Chinon, où nous avons gagné la municipalité et un siège sur deux au conseil d'arrondissement. Un autre de nos adhérents a enlevé la municipalité dans le chef-lieu de canton de Varzy.

Enfin, nous avons eu à nous occuper très activement des incidents de Nevers, qui ont défrayé quelque temps la chronique. Nous avons acquis la conviction que la vertu inaccoutumée qui a sévi à ce moment dans les milieux gouvernementaux dissimulait mal une machination politique organisée pour modifier la composition d'un conseil de préfecture indépendant, et amener l'invalidation par ordre des élections municipales; et, très particulièrement, que la révocation du maire, M. Pigalle, dont l'attitude ne prêtait pas à la plus légère critique, ne pouvait être envisagée que comme une basse indignité. Le comité directeur, après avoir entendu le rapport de M. le vice-président Gossel, a décidé, à l'unanimité, de donner à l'honorable M. Pigalle un témoignage d'estime personnelle et de solidarité politique, en l'appelant à siéger dans le conseil général de la Fédération républicaine. (*Vifs applaudissements.*)

DÉPARTEMENT DU CHER.

La brillante élection des républicains progressistes, remplaçant les socialistes au conseil municipal de Bourges, a été le point de départ d'un mouvement d'opinion intéressant. Sur l'initiative du nouveau maire, M. Mirot, qui a été appelé à faire partie de notre conseil général, un comité s'est constitué et s'est immédiatement affilié à la Fédération. Un siège de conseiller d'arrondissement, précédemment occupé par un socialiste, s'étant trouvé vacant, ce comité a engagé la lutte l'avant-veille du scrutin.

Il y a eu ballottage; une grande conférence a été donnée à Bourges par deux de nos délégués, MM. Bonnefous et Quantin, et nous avons enlevé le siège à quelques voix de majorité. (*Applaudissements.*)

DÉPARTEMENT DE L'INDRE.

Presque rien n'a été fait ; le secrétariat général a seulement commencé quelques démarches en vue de la création d'une organisation dans la circonscription rurale de Châteauroux.

DÉPARTEMENT DE LA HAUTE-VIENNE.

Nous arrivons ici aux régions les plus difficiles du plateau central. La conquête, par les républicains progressistes, de la grande municipalité de Saint-Junien a donné de l'espoir à nos amis. Une réunion préparatoire a été tenue à Limoges, en vue de la constitution d'un comité départemental. Le lendemain, MM. Beauregard, député; Fayout et Quantin donnaient une grande conférence à Oradour-sur-Vayres, chef-lieu d'un canton où nous avons recueilli plus de deux cent cinquante adhésions individuelles. La lutte était immédiatement engagée pour le conseil général contre le conseiller radical sortant. Mais l'énergie de notre candidat n'a pu triompher de la pression officielle. Le conseil d'État sera, croyons-nous, appelé à statuer sur une élection dans laquelle l'usage de bulletins absolument transparents, au nom du candidat blocard, a été général.

DÉPARTEMENT DE LA CREUSE.

La situation est encore plus difficile, et il y a un an, nous n'avions pas un germe quelconque d'organisation. Grâce à l'initiative résolue de notre collègue, M. Genesteix, juge de paix révoqué, nous avons recruté dans l'arrondissement d'Aubusson de nombreux adhérents, qui ont victorieusement défendu, au conseil général, le siège de Bellegarde, particulièrement visé par l'administration. Des pourparlers sont engagés pour la constitution d'un comité départemental.

DÉPARTEMENT DE LA CORRÈZE.

Nulle part, peut-être, l'intervention de la Fédération républicaine n'a été plus énergique. La grande conférence donnée à Ussel, sous la présidence de notre collègue du conseil général, M. Brindel, avec le concours de MM. de Lasteyrie et Dulau, a été l'un des plus brillants succès de notre campagne. Elle a eu des résultats immédiats et décisifs. L'union étroite rétablie entre les chefs du parti républicain progressiste, la minorité radicale balayée au conseil municipal d'Ussel, la municipalité du chef-lieu de canton d'Eygurande enlevée de haute lutte, notre collègue le docteur Goudouneche, réélu conseiller d'arrondissement sans qu'on osât lui opposer un concurrent, et dans le canton de Neuvic, notre autre collègue, M. R. Calary, sortant victorieux, à une forte majorité, d'une lutte que tout l'arrondissement suivait avec un intérêt passionné, tel est le bilan sommaire des résultats de notre visite au milieu d'une population ardente, intelligente, dévouée, parmi des paysans dont quelques-uns, comme ceux de Lamazière, avaient fait plus de 20 kilomètres à pied pour venir nous entendre. Nous avons laissé à Ussel un comité de la Fédération républicaine. Nous y avons laissé mieux, nous y avons laissé un parti. (*Vifs applaudissements.*)

Nous avons été moins heureux à Brive. Une grande conférence, qui avait réuni des orateurs comme MM. Krantz, Fayout, Brindel, un banquet dans lequel les notabilités de la ville, notamment le premier adjoint, M. Fournet, avaient accepté de prendre la direction de notre comité d'arrondissement, nous permettaient de concevoir de vives espérances. Un candidat populaire entre tous avait accepté d'engager la lutte au conseil général contre le député radical Lachaud. Il a pu l'emporter dans la ville, mais l'ensemble du canton a donné une petite majorité à son adversaire. C'est un effort à recommencer.

Nous aurons complété cet exposé de la situation dans la Corrèze en indiquant que le gouvernement a subi un grave échec aux élections départementales dans la ville même de Tulle. Dans deux circonscriptions, au moins, l'opposition peut concevoir de sérieuses espérances pour les prochaines élections législatives.

DÉPARTEMENTS DES DEUX-SÈVRES ET DE LA CHARENTE.

La Fédération n'a pas eu à intervenir.

DÉPARTEMENT DE LA CHARENTE-INFÉRIEURE.

Nous avons constitué un comité d'arrondissement à La Rochelle, sur les bases d'une large union républicaine et avec le concours de membres du parti radical indépendant. MM. d'Osmoy, député, et Halay ont fait une conférence importante à Royan, où nous avons un comité adhérent.

DÉPARTEMENT DE LA VIENNE.

La situation, dans la ville de Poitiers, est délicate. Les républicains progressistes se sont divisés, les uns ayant coopéré à la formation d'une liste d'opposition, qui a conquis la municipalité; les autres ayant formé une liste indépendante, qui a été battue. Nous avons formé un comité départemental sous la présidence de M. Grassin-Delyle, adjoint au maire, en lui donnant comme indication de faire tous ses efforts pour rallier la fraction dissidente. Nous croyons savoir qu'il y a partiellement réussi. A Loudun, nous avons soutenu la candidature au conseil général du maire de cette ville, M. Magié, qui a été élu.

DÉPARTEMENT DE LA GIRONDE.

Sous les auspices du comité de l'Union des républicains libéraux et progressistes, nous avons donné une magnifique réunion à Bordeaux, dans la salle de l'Alhambra. MM. Eugène Guérin, sénateur; Beauregard, Brindeau, du Périer de Larsan et Ballande, députés, y ont pris la parole. Nous sommes activement intervenus dans les négociations qui ont abouti à la constitution et à l'élection d'une liste républicaine antiministérielle. M. Alfred Daney, membre de notre conseil général, a été élu maire de Bordeaux. (Applaudissements.) Nous avons également à signaler la réélection au conseil général de notre collègue, M. de Lur-Saluces.

DÉPARTEMENTS DES LANDES, DE LA DORDOGNE, DU GERS, DE LA HAUTE-GARONNE, DU TARN-ET-GARONNE, DU LOT-ET-GARONNE, DU LOT, DU TARN, DE L'ARIÈGE, DE L'AUDE, DES PYRÉNÉES-ORIENTALES ET DE LA CORSE.

La Fédération n'est pas intervenue dans ces régions. Nous n'avons de groupe organisé que le Cercle républicain progressiste de Montauban.

Département de l'Aveyron.

Nous avons affilié l'Association républicaine libérale de Millau et la Jeunesse républicaine de Rodez. Le premier de ces comités offre un exemple d'organisation absolument remarquable ; il a construit une grande salle de conférences où MM. Pierre Leroy-Beaulieu, Clément et Azard ont pris la parole à trois reprises différentes. Le contingent des voix d'opposition s'est accru de cinq cents dans la ville de Millau. Le comité de Rodez est également très actif. Le secrétaire général de la Fédération a assisté à une de ses réunions, tenue sous la présidence de M. Monsservin, ancien député, et y a prononcé un discours. Les résultats des élections ont été très favorables à l'opposition, sauf dans l'arrondissement d'Espalion.

Département des Hautes-Pyrénées.

Nous avons d'assez nombreux adhérents à Tarbes. Notre collègue, M. le bâtonnier de Cardaillac, a fait dans les communes rurales une série de conférences sur des sujets agricoles, qui ont eu un plein succès.

Département des Basses-Pyrénées.

Nous avons un comité très militant à Oloron ; il a enlevé de haute lutte la municipalité de la ville. Le nouveau maire, M. Casamayor-Dufaur, a été appelé à faire partie de notre conseil général. Les résultats des élections départementales ne nous ont pas été favorables dans l'arrondissement de Pau, mais ils ont été très bons dans celui d'Orthez. Nous sommes particulièrement heureux de signaler la brillante victoire remportée par un de nos plus éloquents conférenciers, M. Léon Bérard, qui a été élu maire de Sauveterre-de-Béarn. (*Vifs applaudissements.*)

En terminant cette revue, à la fois très longue et très incomplète, le secrétaire général a de nombreuses dettes de reconnaissance à acquitter. Elles s'adressent d'abord aux membres du comité directeur, qui ont suivi avec beaucoup d'assiduité des séances très fréquentes, et très particulièrement aux deux anciens présidents du conseil qu'il compte dans ses rangs, M. Méline et M. Ribot, qui ont trouvé au milieu de leurs occupations le temps nécessaire pour s'occuper avec nous des plus minutieux détails de la tactique électorale. Elles s'adressent ensuite aux conférenciers parlementaires ou laïques qui nous ont prêté, avec un dévouement inlassable, le concours de leur parole. Ce sont, pour le Sénat : MM. Méline, Guérin, Franck-Chauveau, Prével, Vidal de Saint-Urbain ; pour la Chambre : MM. Renault-Morlière, Aynard, Jules Roche, Henry Boucher, Camille Krantz, de Montebello, Beauregard, Brindeau, Dulau, Marot, Bonnevay, du Périer de Larsan, Ballande, Drake, de Moustiers, d'Ormoy, Audigier, auxquels il convient d'ajouter M. Ch. Benoist, qui, au nom du groupement qu'il préside, est venu, à plusieurs reprises, prêter son concours à nos orateurs ; enfin, en dehors du Parlement, MM. Barboux, de Lasteyrie, Fayout, Brindel, de Cardaillac, Bonnefous, Bérard, Colrat, Azard, Blondout, Claro, J. Théry, Pistre, Amiot, de Marigny, Orgias, Rey, R. Calary, Fraysse et Quantin. J'espère n'avoir oublié personne.

Nous avons eu malheureusement plusieurs morts à déplorer. Nous avons perdu M. Knieder, l'éminent président du conseil gé-

néral de la Seine-Inférieure; deux membres du Parlement, M. Leglu-
dic et M. Gévelot, puis M. Motte-Bossut, de Roubaix; M. Germain,
manufacturier à Condé-sur-Noireau ; M. Régis Vierne; le nouveau
maire de Saint-Florentin, M. Vérolot, d'autres, sans doute, dont le
nom m'échappe. Enfin, le conseil général s'est vu enlever l'un de
ses membres, M. Stanislas Tétard, qui, à la veille de sa mort,
nous rendait compte de la lutte énergique et partiellement victo-
rieuse qu'il avait engagée dans la commune de Gonesse.

La mort de M. Tétard réduisait à 73 le nombre des membres
du conseil général. Le comité directeur a décidé de le compléter
provisoirement et sous réserve de votre approbation. Il désire le
porter à 100 et il l'a, jusqu'ici, porté à 90.

Les noms qu'il va vous soumettre procèdent tous d'une
inspiration commune, qui est le désir d'associer plus étroi-
tement à notre œuvre la politique départementale. Ces noms sont
tout un programme d'action, le programme d'une association qui
siège à Paris mais qui a la volonté de vivre en province. (Très
bien ! Très bien !) Ce sont presque exclusivement ceux des repré-
sentants de nos comités départementaux, des conseils généraux
ou d'arronssissements, des grandes municipalités que nous avons
conservées ou conquises. Les voici :

MM. René Brice, député, président du conseil général d'Ille-
et-Vilaine.
Dr Casamayor-Dufaur, maire d'Oloron.
Chanot, maire de Marseille.
Delesalle, maire de Lille.
Ducrot, maire de Bourges.
Ermant, sénateur, maire de Laon.
Fessard, maire de Chartres.
Lebrun, député de Meurthe-et-Moselle, secrétaire de la
Chambre.
Maillard, maire du Havre.
Dr Monprofit, conseiller général de Maine-et-Loire.
De Moustiers, député, président du comité départemen-
tal du Doubs.
Pigalle, ancien maire de Nevers.
Puisart, ancien président du conseil d'arrondissement
d'Epernay, maire de Cramant.
Rosse, maire de Dinan.
Simon, premier adjoint au maire de Versailles.
Soulène, conseiller municipal de Saint-Etienne.
Stein, maire d'Epinal.

Ajoutez-y, parmi nos membres anciens, les maires de Bordeaux, Rouen, Roubaix et Beauvais, et vous mesurerez la place
exacte que tient notre association dans la vie politique de ce pays.
(Très bien ! Très bien !)

Cette représentation des municipalités dans nos conseils souli-
gne bien l'importance de la victoire que nous avons remportée aux
élections du 1er mai. Cette victoire, en dépit de l'audace des statistiques ministérielles, a été éclatante et décisive. Elle se traduit,
pour ne prendre que les résultats les plus éclatants, par la conquête, par les républicains progressistes et libéraux, des municipalités de Lille, Bordeaux, Le Havre, Bourges, Versailles, Montluçon, Oloron, Brive, Perpignan, Niort, et de plusieurs autres
chefs-lieux d'arrondissement, par la conservation de celles de
Marseille, Roubaix, Nantes, Chartres, Epinal, Nevers, Laon, Di-

nan, Beauvais, Aix et beaucoup d'autres, par l'amélioration marquée de nos positions dans des villes comme Saint-Etienne et Clermont-Ferrand. Partout où nos adversaires ont eu l'imprudence de nous livrer le détail de leurs calculs, un contrôle immédiat a relevé leur caractère mensonger. Une lettre récente et scandaleuse, par laquelle le sous-préfet de Dreux réclamait à chaque maire de son arrondissement la fiche politique de ses conseillers municipaux, a prouvé jusqu'à l'évidence qu'on n'a songé à vérifier ces statistiques qu'après les avoir produites. Enfin, les récentes élections de l'Aisne et de la Loire ont démontré que si le gouvernement a gagné des municipalités, un malheureux hasard veut que ce ne soit pas dans les départements où les électeurs sénatoriaux ont été consultés. (Sourires.)

Les élections départementales ont été un peu moins bonnes. Les positions que nous avions à conserver avaient été conquises il y a six ans, c'est-à-dire à une époque où l'administration était encore entre nos mains. Nous les avons défendues sans les améliorer, avec quelques gains dans le Nord-Est, quelques pertes dans le Nord et dans la région lyonnaise. C'est quelque chose, si ce n'est pas assez, que nous ayons résisté presque sur tous les points, à l'immense effort de cinq années d'administration radicale et de candidature officielle ouvertement pratiquée. Nos amis montrent malheureusement trop d'indifférence pour ces élections, sous le prétexte, absolument insuffisant, qu'un mauvais conseiller général est moins nuisible qu'un mauvais maire ou un mauvais député.

Dans l'ensemble, en tenant compte de toutes les circonstances, les résultats électoraux de l'année 1901 peuvent être considérés comme bons. Quelle a été, dans ces résultats, la part de la Fédération ? Il est difficile de la préciser d'une façon absolue, et elle ne peut que présenter le bilan de son activité. Nous sommes entrés en relations avec soixante-six comités, dont environ la moitié est de création nouvelle. Nous avons donné sous notre patronage direct soixante-cinq conférences. Nous avons coopéré à la fondation de trois journaux et nous nous préparons à en fonder trois autres. Nous avons distribué environ cent mille brochures de propagande, et nous sommes en train d'en distribuer cent mille autres, qui ont trait à la délation dans l'armée. Nous avons suivi de près, dans de nombreuses communes, le travail de revision des listes électorales et obtenu des résultats appréciables. Enfin, notre comité de contentieux, grâce surtout à l'infatigable dévouement de notre vice-président, M. Gosset, a donné de nombreuses consultations, et porté plusieurs pourvois devant le Conseil d'Etat. Je crois que c'est tout.

Nous savons parfaitement que ce n'est pas assez. Nous aurions voulu faire davantage. Le parti républicain nous a assuré des ressources importantes, qui nous ont permis de vivre honorablement et de subvenir largement à la propagande indispensable. Nous avons, dès à présent, une existence assurée; il nous manque un budget somptuaire. Notre luxe, ce serait de faire face non seulement aux frais des conférences qui passent, mais aux frais de la propagande par le journal et par la brochure, qui restent. Nous voudrions contribuer aux dépenses de premier établissement d'organes nouveaux, accorder des subventions aux comités pauvres, multiplier dans les cafés, dans les lieux publics, auprès des électeurs indécis, les abonnements gratuits aux journaux régionaux. Nous ne pouvons réaliser ce programme complémentaire qu'à la faveur de ressources considérables, et nous n'avons que des ressources insuffisantes. Ce n'est pas à nous qu'on donnerait cent mille francs en une seule fois : nous n'avons pas de rubans à distribuer ; nous n'avons qu'un idéal à défendre. (*Rires et vifs applaudissements.*)

J'éprouve un certain embarras à insister sur ces misérables contingences, et je ne connais pas de plus cruelle humiliation que de faire la quête en public. Pourtant, la question de notre trésor de guerre n'est pas indifférente. Et, d'ailleurs, parmi ceux qui, pouvant largement le faire, ne l'ont pas alimenté, il en est beaucoup qui ne se sont pas abstenus de parti pris. Il y en a qui n'y n'y ont pas pensé, tout simplement. Il y en a aussi qui, y ayant pensé, ont fait un effort pour penser momentanément à autre chose. (*Rires.*) Il y a ceux qui ont remis au lendemain ce qu'ils pouvaient faire le jour même — cette espèce n'est pas complètement inconnue dans le parti modéré — qui sont très sincèrement surpris d'avoir laissé passer notre premier exercice sans nous apporter leur obole. Il y en a enfin quelques-uns — quelques-uns seulement — mais ceux-là, je vous les livre, qui n'ont contribué à notre activité ni par leur parole, ni par leur labeur, ni par leurs démarches, ni par leur fortune, qui lisent à peine nos journaux, qui jettent nos rapports au panier, qui ignorent tout de nos efforts, mais qui savent vous aborder sur le boulevard, le sarcasme aux lèvres, en vous disant : « La Fédération ne fait décidément rien ; c'est bien inutile d'appartenir à une association comme celle-là. » (*Rires et applaudissements.*)

J'ai peut-être tort, Messieurs — mais vous excuserez ce témoignage sincère d'une activité qui a été tantôt fructueuse et tantôt stérile, qui a passé par des alternatives de déceptions amères et de satisfaction réconfortante — j'ai peut-être tort de souligner d'un trait un peu vif, certaines habitudes d'esprit, certaines hésitations devant le sacrifice, certain défaut de persévérance dans l'effort qui ont souvent affaibli notre parti, et paralysé les immenses ressources de savoir, d'intelligence et de probité qu'il contient en lui.

Ces réflexions, au surplus, ne s'adressent pas à ceux qui sont ici, mais à ceux qui n'y sont pas, et vous ferez une bonne action en les leur transmettant. (*Sourires.*) Elles seraient particulièrement injustes à l'égard de ces grandes associations des provinces, de ces militants des départements qui sont accourus en si grand nombre, quelques-uns des extrémités de la France, qui ont bravé les fatigues d'un long voyage pour venir se retremper auprès des chefs de notre parti, et pour remporter dans leurs villes lointaines les paroles d'encouragement et de réconfort qui viennent d'être prononcées. Nous savons quel grand courage il leur faut, au milieu du favoritisme éhonté, de la surveillance bassement policière, des mœurs dégradantes que le régime du Vadécardisme a installé dans ce pays, nous savons quel grand courage il leur faut pour rester inébranlablement fidèles à ce noble idéal de liberté dont ils ont puisé le respect dans les enseignements des fondateurs de la République. La Fédération républicaine les salue et les remercie. (*Applaudissements.*) Mais s'ils lui ont beaucoup donné, elle leur demande plus encore. Il faut qu'ils sachent bien que notre effort est limité par nos forces mêmes, et que nous ne pouvons qu'imprimer une impulsion. Nous pouvons créer et nous avons créé des foyers secondaires, que nous cherchons à réchauffer de notre flamme et à animer de notre vie. C'est à vous, Messieurs les délégués des comités départementaux, qu'il appartient de prolonger, jusqu'aux points où il ne peut atteindre de lui-même, le rayonnement de notre activité. Pour accomplir ces prodiges de dévouement que nous attendons de vous, il vous suffira de tenir les yeux fixés sur la misère imméritée de ce grand pays généreux et loyal. Il a la volonté de se ressaisir ; vous lui en donnerez l'énergie. C'est la prospérité de son industrie et de son commerce, c'est la sécurité de son crédit, c'est la force de son armée, c'est la tranquillité de nos consciences, c'est notre droit de vivre dans la liberté et dans la dignité, et pour tout dire en un mot, c'est notre existence nationale qui est l'enjeu de la victoire. (*Vifs applaudissements.*)

LA NOMINATION DU CONSEIL GÉNÉRAL

La partie administrative de la séance a commencé immédiatement après le discours de M. Ribot.

Il a été tout d'abord procédé à la ratification des nominations faites par le comité directeur pour compléter le conseil général. Ont été nommés :

MM. :

René Brice, député, président du conseil général d'Ille-et-Vilaine.

Dr Casamayor-Dufaur, maire d'Oloron.

Chanot, maire de Marseille.

Delesalle, maire de Lille.

Ducrot, maire de Bourges.

Ermant, sénateur, maire de Laon.

Fessard, sénateur d'Eure-et-Loir, maire de Chartres.

Lebrun, député de Meurthe-et-Moselle.

Maillard, maire du Havre.

Dr Monprofit, conseiller général de Maine-et-Loire.

De Moustiers, député, président du comité départemental du Doubs.

Pigalle, ancien maire de Nevers.

Puisart, conseiller d'arrondissement d'Epernay, maire de Cramant.

Rosse, maire de Dinan.

Simon, premier adjoint au maire de Versailles.

Soulenc, avocat, conseiller municipal de Saint-Etienne.

Stein, maire d'Epinal.

Ces désignations sont ratifiées par acclamation.

L'assemblée donne au comité directeur les pouvoirs nécessaires pour porter de 90 à 100 le nombre des membres du conseil général.

Il est ensuite procédé au tirage au sort de la série sortante au conseil général. Les 20 membres désignés sont réélus par acclamation.

Dans la première réunion qui a suivi l'Assemblée générale, le comité directeur usant des pouvoirs qui lui étaient conférés a appelé à faire partie du conseil général de la Fédération : MM. Vidal de Saint-Urbain, sénateur de l'Aveyron ; Chenesseaux, président de la chambre de commerce d'Orléans.

STATUTS DE LA FÉDÉRATION RÉPUBLICAINE

TITRE PREMIER

Objet de la société. — Siège social

ARTICLE PREMIER. — Il est formé entre les citoyens, comités, cercles, groupes et associations diverses qui adhéreront aux présents statuts, une Association qui sera régie par la loi du 1er juillet 1901 et par les dispositions ci-après.

ART. 2. — Cette Association est dénommée : « Fédération républicaine. »

Son siège est établi à Paris, 25, rue Taitbout.

ART. 3. — Elle a pour objet de grouper et d'unir tous les républicains pour l'application des principes de la Révolution française, tels qu'ils ont été formulés dans la Déclaration des Droits de l'homme et du citoyen.

Son programme comprend :

1° DANS L'ORDRE POLITIQUE : le respect et la garantie de la liberté sous toutes ses formes : liberté politique, liberté de conscience, liberté d'enseignement, liberté du travail ;

2° DANS L'ORDRE ÉCONOMIQUE ET FINANCIER : la défense et le développement de l'agriculture, de l'industrie et du commerce français ; une gestion sévère des deniers publics ; la suppression de l'initiative parlementaire en matière de dépenses ; la substitution d'une politique d'économies et de dégrèvements à la politique de surenchère électorale, une répartition plus équitable de l'impôt, sans inquisition ni taxation arbitraires ;

3° DANS L'ORDRE SOCIAL : la fraternité et la solidarité opposées à l'antagonisme et à la haine des classes ; réformes pratiques profitables à la masse des travailleurs au lieu d'utopies et d'expériences ruineuses ;

4° La prééminence des grands intérêts de la défense nationale et le maintien d'une armée forte et disciplinée, et tenue à l'écart des luttes politiques.

La propagande et l'action de l'Association s'exercent par tous les moyens propres à assurer la défense de ses principes et de son programme.

TITRE II

Organisation. — Fonctionnement

ART. 4. — Les membres de l'Association se répartissent en :

1° Membres fondateurs ;

2° Membres sociétaires ;

3° Membres participants ;

4° Membres adhérents.

ART. 5. — La cotisation annuelle à verser sera :

Pour les membres fondateurs de.................... 500 francs
Pour les membres sociétaires de.................... 100 —
Pour les membres participants de.................... 20 —
Pour les membres adhérents de.................... 2 —

Les comités, cercles, groupes et autres associations peuvent se faire affilier comme collectivités aux mêmes conditions que les membres fondateurs, sociétaires et participants.

Toutefois, la cotisation par eux due ne saurait être inférieure à :

2 francs quand le nombre des sociétaires ne dépassera pas 50.			
5 — quand il sera de....................	50 à	100
10 — —	100 à	200
20 — —	200 à	500
30 — —	500 à 1.000	
40 — —	1.000 à 2.000	
50 — quand il sera au-dessus de....................	2.000.	

ART. 6. — De quelque époque de l'année que date leur inscription, les membres de l'Association doivent la cotisation entière.

ART. 7. — L'association se réunit chaque année en assemblée générale à laquelle sont convoqués :

1° Les citoyens ayant donné leur adhésion aux statuts, et ayant été admis un mois avant la date fixée pour la réunion ;

2° Les délégués des associations, comités, cercles ou groupes adhérents.

Les délégués sont élus par leurs associations, comités, cercles ou groupes à raison d'un délégué par cinquante membres ou fraction de cinquante, sans que le nombre des délégués puisse dépasser dix par association.

L'assemblée générale n'est valablement constituée que si elle comprend un nombre d'adhérents ou de délégués au moins égal à celui des membres du conseil présents.

ART. 8. — Les membres de l'assemblée générale se répartissent en sections, dont le nombre et les attributions sont fixés par l'assemblée générale sur la proposition du conseil d'administration.

Chaque section nomme, chaque année, un président, un vice-président, un ou plusieurs secrétaires.

Les membres de l'Association choisissent eux-mêmes la section à laquelle ils doivent appartenir ; ils peuvent, néanmoins, prendre part aux travaux des autres sections, mais seulement avec voix consultative.

Chaque année, avant la clôture de la session de l'assemblée générale, les sections nommeront les commissions permanentes qui, avec leurs bureaux respectifs, ont mission spéciale de recevoir, durant l'année les communications qui les intéressent, et de préparer les travaux de la session suivante.

L'Association est administrée et dirigée par un conseil général composé de cinquante membres au moins et renouvelable par cinquième.

Un tirage au sort désignera, après la proclamation du scrutin, les membres du premier conseil dont les pouvoirs seront renouvelables la première, la deuxième, la troisième, la quatrième, la cinquième année.

Les pouvoirs du premier cinquième sorti au sort expireront un an après leur nomination ; ceux du second cinquième deux ans après et ainsi de suite jusqu'aux derniers membres qui resteront en fonctions durant les cinq années réglementaires.

Les membres sortants sont rééligibles .

Le conseil nomme lui-même, tous les deux ans, après le renouvellement du cinquième de ses membres, son bureau, qui se compose d'un président, de six vice-présidents au plus, d'un secrétaire général et d'un trésorier.

Art. 10. — Le conseil peut déléguer tout ou partie de ses pouvoirs à dix membres qui formeront, avec son bureau, un comité directeur.

Le président et le trésorier ont, chacun isolément et sous le contrôle du conseil, tous pouvoirs pour représenter l'Association et agir au mieux de ses intérêts, amiablement comme en justice, tant en demandant qu'en défendant.

Le conseil se réunit au moins une fois tous les deux mois.

Ses délibérations ne seront valables que si le cinquième de ses membres est présent.

Il peut être convoqué en réunion extraordinaire toutes les fois que les circonstances paraîtront l'exiger.

Le conseil, ou s'il lui a délégué ses fonctions à cet égard, le comité statuera sur l'admission des nouveaux membres.

Le conseil pourra, mais à la majorité des deux tiers des membres présents, prononcer l'exclusion d'un membre de l'Association, soit pour une faute portant atteinte à la considération ou à l'honneur, soit pour acte contraire aux statuts et au but de l'Association.

Art. 11. — Les modifications aux présents statuts devront, avant d'être soumises à la ratification de l'assemblée générale, avoir été approuvées par le conseil général.

Elles devront, pour être adoptées, réunir la majorité des trois quarts des membres présents.

Les modifications, proposées et acceptées par le conseil, seront insérées dans les convocations adressées à tous les membres de l'assemblée générale.

TITRE III

Dissolution

Art. 11. — En cas de dissolution, les biens de l'Association ne pourront jamais devenir la propriété de ses membres ; la dévolution en sera réglée par l'assemblée générale et affectée à une œuvre politique répondant au but pour lequel l'Association est fondée.

FÉDÉRATION RÉPUBLICAINE
25, Rue Taitbout, 25

Bureau, Comité directeur et Conseil général

PRÉSIDENT : M. Eugène Motte, député, maire de Roubaix.

VICE-PRÉSIDENTS : MM. Ernest Caron, président du conseil général de la Seine ; Ernest Cartier, ancien bâtonnier ; Ch. Ferry, ancien député; Gosset, ancien président de l'ordre des avocats au Conseil d'État et à la Cour de cassation : De Lasteyrie, membre de l'Institut ; Touron, sénateur de l'Aisne, vice-président de la Chambre de commerce de Saint-Quentin.

TRÉSORIER : M. A. Rambourg, sénateur de l'Aube.

SECRÉTAIRE GÉNÉRAL : M. Frédéric Clément, avocat à la cour de Paris.

COMITÉ DIRECTEUR : MM. H. Audiffred, sénateur de la Loire; Ed. Aynard, député du Rhône ; H. Barboux, ancien bâtonnier ; Guérin, séna-

teur de Vaucluse, ancien ministre, vice-président du Sénat ; Leblond, maire de Rouen ; J. Méline, sénateur des Vosges, ancien
président du conseil ; Prévet, sénateur de Seine-et-Marne ; Renault-Morlière, député de la Mayenne ; Ribot, député du Pas-de-
Calais, ancien président du conseil ; Marcel Vacher, ancien député de l'Allier.

CONSEIL GÉNÉRAL : MM. Audiffred, député de la Loire ; Aynard, député
du Rhône ; Barboux, ancien bâtonnier ; Beauregard, député
de la Seine ; Bénard, agriculteur ; Georges Berger, député de la
Seine ; Paul Bertrand, député de la Marne ; Bischoffsheim, député des Alpes-Maritimes ; Boucher, ancien ministre, député des
Vosges ; Brandin, conseiller général de Seine-et-Marne ; René Brice, député, président du conseil général d'Ille-et-Vilaine; Brindeau,
député de la Seine-Inférieure ; Brindel, conseiller général de la
Corrèze ; Ernest Caron, ancien président du conseil général de
la Seine ; François Carnot, député de la Côte-d'Or ; Cartier, ancien bâtonnier ; Dr Casamayou-Dufaur, maire d'Oloron ; Chanot,
maire de Marseille ; Francis Charmes, sénateur du Cantal ; Chatteleyn, sénateur du Nord, adjoint au maire de Roubaix ; Chenesseaux, président de la chambre de commerce d'Orléans ; Frédéric
Clément, avocat à la cour de Paris ; Coignet, industriel à Lyon ;
Cornil, ancien sénateur de l'Allier ; Daney, maire de Bordeaux ;
Delesalle, maire de Lille ; Delobeau, sénateur du Finistère ; Gustave Denis, sénateur de la Mayenne ; Dervaux, industriel, ancien
vice-président du conseil général du Nord ; Drake, député d'In-
dre-et-Loire ; Droz, conseiller général de Seine-et-Marne ; Ducrot,
maire de Bourges ; Dulau, député des Landes; Ermant, sénateur
de l'Aisne, maire de Laon ; Fayout, ancien bâtonnier, ancien adjoint au maire de Limoges ; Charles Ferry, ancien député des
Vosges ; Fessard, sénateur d'Eure-et-Loir, maire de Chartres ;
Franck-Chauveau, sénateur de l'Oise ; Garin, avocat à Lyon ; Gillet, industriel à Lyon ; Gosset, ancien président de l'ordre des
avocats au Conseil d'État et à la Cour de cassation ; Guérin, sénateur de Vaucluse, ancien ministre ; Guillain, député du Nord,
ancien ministre, vice-président de la Chambre des députés ;
Herbault, ancien syndic des agents de change ; Hucher, maire de
Beauvais, conseiller général de l'Oise ; Isaac, président de la
chambre de commerce de Lyon ; Gaston Japy, industriel, maire
de Fesches-le-Châtel ; Jeanneau, conseiller général de la Vendée ;
De Kerjégu, député du Finistère ; Krantz, député des Vosges, ancien ministre ; Lannes de Montebello, député de la Marne ; Laver-
tujon, sénateur de la Haute-Vienne ; De Lasteyrie, ancien député
de la Corrèze, membre de l'Institut ; Leblond, maire de Rouen ;
Lebrun, député de Meurthe-et-Moselle ; Jules Legrand, député
des Basses-Pyrénées, ancien sous-secrétaire d'État ; Anatole Leroy-Beaulieu, membre de l'Institut ; Lignon, ancien président
du tribunal de commerce de Lyon ; Lelièvre, sénateur du Jura,
ancien sous-secrétaire d'État ; Pierre de Lur-Saluces, président
du Comité républicain progressiste de la Gironde ; Maillard,

2 août 94

— 40 —

maire du Havre ; Marc Maurel, armateur à Bordeaux ; J. Méline, sénateur des Vosges, ancien président du conseil ; Mézières, sénateur de Meurthe-et-Moselle ; Milliard, sénateur de l'Eure, ancien ministre ; docteur Monprofit, conseiller général de Maine-et-Loire ; Eugène Motte, député du Nord, maire de Roubaix ; de Moustiers, député, président du comité départemental du Doubs ; Nérot, proviseur honoraire, président de l'Alliance républicaine progressiste de Château-Thierry ; Du Périer de Larsan, député de la Gironde ; Georges Picot, membre de l'Institut ; Pigalle, ancien maire de Nevers ; Ponnier, industriel ; Prévet, sénateur de Seine-et-Marne ; Puisart, président du conseil d'arrondissement d'Epernay ; Rambaud, ancien ministre, membre de l'Institut ; Rambourgt, sénateur de l'Aube ; Renault-Morlière, député de la Mayenne ; Reynaud, industriel, maire de Bétheniville ; Ribot, député du P s-de-Calais, ancien président du conseil ; Rosse, maire de D an ; Sagnier, directeur au *Journal d'agriculture* ; Samazeuilh, banquier à Bordeaux ; Simon, premier adjoint au maire de Versailles ; Soulenc, avocat, conseiller municipal de Saint-Etienne ; Stein, maire d'Epinal ; Sébline, sénateur de l'Aisne ; Thierry, député des Bouches-du-Rhône ; Touron, sénateur de l'Aisne, vice-président de la chambre de commerce de Saint-Quentin ; Marcel Vacher, ancien député de l'Allier, maire de Montmarault ; Vidal de Saint-Urbain, sénateur de l'Aveyron ; Richard Waddington, sénateur de la Seine-Inférieure.

Le Secrétaire général, M. Frédéric Clément, reçoit tous les jours, de 5 heures à 7 heures, les adhérents de la Fédération Républicaine dans les bureaux situés 25, rue Taitbout, Paris.

Limoges. — Imprimerie du *Courrier du Centre*, 18, rue Turgot

www.ingramcontent.com/pod-product-compliance
Lightning Source LLC
Chambersburg PA
CBHW060749280326
41934CB00010B/2417